JN328158

西園寺昌美

Saionji Masami

真理の法則

新しい人生の始まり

白光出版

序文――輝かしい人生を創造するために

魚が必要とするすべてのことは
自己を忘れて水と一体化することだ
人が必要とするすべてのことは
自己を忘れて道と一体化することだ

（『荘子』より）

人は誰でも、自らの輝かしい人生を創造してゆくためには、道、即ち真理を避けては通れないものです。

二十一世紀に至ってもなお、個人も人類も悩み苦しんでいます。誰も彼もが皆、迷っているのです。迷い多き人生を歩んでいるのであります。


人類が迷うたびに、新しい病気がつくり出されてゆく。

人類が迷うたびに、テロや紛争、戦争が激化してゆく。

人類が迷うたびに、貧困や飢餓、そして環境破壊や自然破壊が絶えなくなる。

人類が迷うたびに、所有欲、物欲にますます傾いてゆく。

人類が迷うたびに、真の価値観を見失ってゆく。

人類が迷うたびに、自らの心に悩みの種、争いの種を増やしつづけてゆく。


そして、人類が激しく迷った時、猛毒さえも薬に間違えるのです。

迷いとはかくも恐ろしきものです。

この迷いから生じてくる種々さまざまなる苦悩、悲惨、絶望、不幸から、自らを解放してゆくためには、道、即ち真理を知ること以外にありません。いや、真理を知らずして生き切ることは出来ないのです。

人は真理に生きることによって、初めて迷いから覚めるのです。自らの人生を輝かしいものへと創造してゆくことが出来るのです。

真理の法則で一番知らなくてはならないことは、〝自分に生ずるいかなる不幸や苦悩といえども、決して他から生じたものではない〟ということです。

他を恨んでみても、妬んでみても、非難してみても、何一つの解決には至らないのです。唯一の方法は、「自分自身を知ること」に尽きるのです。自らの存在そのものを自覚することにあるのです。

そのための方法が、本書にはしたためられています。読後、皆様方は、すべての執着から解き放たれ、自分が自分自身に無意識に課していたすべての呪縛から解放され、真の自由を手にすることでしょう。

二〇〇五年七月

著者識す

＊本書は、白光真宏会機関誌「白光」に掲載された法話(内容は一部変更)を収録したものです。

真理の法則

――新しい人生の始まり

目次

ブックデザイン・鈴木一誌

●第一部●

輝かしい人生の創造

真理の法則を知る

あなたが今いる世界は、あなたの想念の現われ

あなたが今いる世界、環境、状況は、あなた自身の内なる想いが投影されたものであり、その想いが変わらない限り、これからもずっと同じような世界、環境、状況が続いてゆくのです。

何故ならば、あなたが常日頃考えていることや、希望、願望こそが、あなたの人生を創り出しているからです。それは、私がこれまで何十回、何百回となく述べてきた〝真理の法則〟によるものであります。

人はみな、自分自身の想いによって、自分の人生、自分の住む世界を素晴らしいものにも、くだらないものにも創り上げているのです。

欲望深く、汚れた自分勝手な人は、常に不運と不幸を自らに引き寄せ、苦悩と絶望に満ちた環境、状況を創り出してゆきます。一方、美しく清らかで聖なる人は、常に幸運と幸せを自らに引き寄せ、平安で光に満ちた輝かしい環境、状況を創り出してゆきます。

いかなる人であろうとも、自分の想念に相反した現象を引き寄せることは絶対にあり得ないのです。

「すべての魂は、自らが放つ波動と同じレベルの波動を引きつけている」というのが、真理の法則（宇宙の法則）です。いかなる人も、日頃想っていること、考えていること、為そうとしたことを表面化させ、その波動に合った現象を引きつけているのです。

故に、自分の心の奥底で何を隠そうとも、自分自身に内在するすべての想いは、いつか必ず表面に現われる。その想いに応じた状況を確実に引きつけ、創り出してゆくのです。

この法則を知らない人は、常に不幸なる人生を奔走しつづけることになります。

心の奥に潜む想いが自らの運命を決定づける

では、一般に善人と言われる人――人々のために自らを献げ尽くし、奉仕しているような人が、時に貧しく、あるいは、病気がちなのは何故なのでしょうか。

自分の日頃の想念が、自分の環境や状況を引きつける、というならば、人のために役立ちたい、人に何かをして差し上げたい、人のために奉仕し、人生を献げ尽くしたいと思っている人は、必ず人から愛され、尊敬され、幸せに満ちた状況を引き寄せるはずです。

だが、これはそう簡単な問題ではないのです。人のために献身している人が、なぜ貧しく孤独で、あるいは病気がちな、不幸な状況を、自らの手で生み出してしまうのでしょうか。そこが問題です。それは、誰にも知られざる、その人自身に隠された秘密の想念の為せる業（わざ）なのです。

例えばここに、子供の頃、義理の父親から性的乱暴を受けた少女がいるとしましょう。彼女のショックはすさまじいに違いありません。どうしても義父を赦すことが出来ず、その想いはずっと心の奥に潜みつづけています。そして、もう結婚は出来ないと、自分で決めつけてしまいます。

この少女は心が正しいため、決して自暴自棄に走らず、横道には逸れませんが、心の奥では常にその過去を引きずりつづけ、暗く内にこもってしまうのです。

この少女は、そのままではよくないと、自分のマイナスの体験を生かして、苦しむ人々を救おうと思い、尼僧になり、多くの人々に愛と献身の行為をしつづけます。

しかし、彼女自身は暗く、貧乏で、その上病気がちなのです。

人々は、何故こんなにも無私の人、純粋な人が、このような不幸を味わわねばならないのか？　と不思議に思うことでしょう。しかし、彼女自身の心の、奥の奥の秘密の場所に、人を赦せず、自分を赦せない想いが潜みつづけていることに気づく人はいません。

そして、その積年の想いは必ず、彼女の人生の上に姿を現わしてきます。その現われこそが貧困であり、病気なのです。

真理の法則とは、実に深遠なものです。人々のためにすべてを投げ出し、どれほど献身したとしても、心の内にマイナスの想念が潜んでいたならば、その人の人生にはマイナスの現象が引きつけられてしまうのです。彼女のように、自分は幸せになれるはずはない、なってはいけないのだ、といつも自分を責めつづけていたならば、決して幸せにはなれないのです。

このようにして、人生は、自らの心の内に潜むさまざまな玉石混淆の想念が入り交じり、からみ合って、決定されてゆくのであります。

すべての不幸も不運も真理に出会うためにあった

人生におけるあらゆる現象は、たとえそれが輝かしきものであっても、忌まわしきものであっても、すべては宇宙の法則に則って現われてくるのです。

自らの人生を創造的なものにするか、破壊的なものにするか。それは、偏に宇宙の真理の法則を知るか否かにかかっています。故に、人は真理の法則に対して、決して無知であってはならないのです。

無知ほど、人生を不幸なものに、絶望的で破壊的なものに創り上げてゆくものはありません。

だがしかし、真理というものは、自分から求めない限り、決して出会えるものではないのです。

これを読んで、「そうか、自分は真理の法則を知らなかった」と思う人は、今まで多くの不幸、苦悩を体験し、悲しみ、孤独、絶望感に打ちふるえてきた人たちでしょう。

だが、もはや恐れることも、不安に思うこともありません。人は真理に出会うことによって、真理を知ることによって、今までとは全く違う、輝かしき人生を創造してゆくことが出来るからです。

今この瞬間、真理を知る絶好のチャンスが、あなたに訪れているのです。

ここに至るまで、あなたはどれほど過酷な人生を歩んできたことか。だが、この真理の法則に出会えるチャンスが来たということは、あなたが不幸の最中にあっても、その苦しみの中から、悲しみのどん底から、何とか立ち直りたい、這い上がりたい、このままではいけない……という想いを決して捨てなかった、ということです。

また、その不幸の中で、苦悩の中で、あなたはその状況を通して、必ず何かを学んでいたはずです。なぜこうも不幸ばかりが続くのか、悪いことばかりが起こるのか……。その学びの姿勢こそが、真理に出会うチャンスを勝ち取ったのです。

すべては、真理を知らなかったがための、無知ゆえの不幸だったのです。しかし、ここまで来たからには、自らの痛みや悲しみや不運はすべて、真理の法則（因縁因果の法則）に基づいてもたらされた結果であることを心より知るのです。

この真理の法則を知るために、あなたはその不幸や不運を体験する必要があったのです。

今まで真理を知らなかったばかりに、悪い環境、状況に縛られつづけてきたのだ、ということを心より知るのです。

そして、この真理に出会い、今までとは違った選択をしつづけることによって、不運や不幸から確実に脱出できるのだということを、実体験してゆくのです。

自らの無知により、真理を知らなかったことにより、常に光明なるものよりも否定的なものを、輝かしきものよりも暗きものを自らが選択し、決定しつづけていたのだということを知るのです。

自らの理想や目標こそ未来を輝かしく創造する礎

そしてまた、人は真理に出会うことにより、気高い理想や目標を常に掲げて生きてゆくべきであるということを知るのです。

自らの理想や目標は、いつか時満ちれば、必ずや現実のものとなります。その理想、目標こそが、自らの輝かしい未来を創造してゆく礎(いしずえ)なのです。

人間は、人生に理想や目標を持たないと、つまらないことやくだらないことに想い悩んだり、取るに足らないことに心が把(とら)われたり、枝葉のことに重きを置いたりして、余計な苦悩を背負ってしまうのです。このような人たちは、ちょっとした失敗でもすぐに落ち込んでしまいます。

理想や目標が何もない人の心は空虚で、想いは千々に乱れ、当てもなく彷徨いつづけるのです。そのため、自らのエネルギーをどこに集中してよいか判らなくなり、つい否定的な方向に浪費してしまい、自らを不幸へと導いていってしまうのです。

このように、人生に目的を持たないことの弊害はあまりにも大きいのです。理想や目標を持たない人は、人生の漂流者になりかねません。

自らの理想、目標こそが、自らの心を善なる方向に向かわしめ、心のエネルギーを集中させ、ついにはそれらの理想や目標そのものを実現に導く原点となるのです。

真理は常に普遍です。人は自らの欲するものを受け取りつづけているのです。いかなる時も、自らの欲するものを手にしているのです。

憎しみを抱いたら憎しみを受け取り、自分など価値のない人間だと思ったら、全くその通りの価値のない人生を引きつけてゆく。不幸だと信じるならば不幸を手にし、幸福を欲したら幸福を手にする。何か誤ったものを欲すれば、誤ったものを受け取るのです。

このように、自らが欲することが、自らの人生を形作っているのです。自らの欲することが、現象の種なのであり、人々はその収穫物を手にしているのです。

真理を知らなかったが故の不幸

でも、あなたはここで反論するかもしれません。

「私は決して不幸を願ったつもりはない。私に限らず、わざわざ不幸や、悲しみや、不運を欲する人などあろうか。決してそんな道理に合わないことを欲するわけがない」と。そう反論できる人は、真理を獲得できる才智を持ち合わせている方と言えましょう。その通り、人間は決して自分に不都合なこと、不合理なこと、道理に合わないことなど欲するわけがないのです。

だが、果たしてそうでしょうか？　私たちは、たとえ、自らの不幸や、不運や、苦悩を直接的には望まなくとも、自分の欲望を満足させるために、意識的に、あるいは無意識に他の人の幸運のチャンスを奪い取ってゆくのです。

そして、相手を傷つけ、陥れ、不幸に至らしめた分だけ、自らが蒔いた種のその結果を、それとは知らずに間接的に受け取っているのです。

人類は輪廻転生（りんねてんしょう）を繰り返しながらも、真理に無知であったが故に、自らが真に欲するもの――幸せ、成功、繁栄などよりも、真に欲しないもの――不幸、病気、事故などを手にしつづけてきたのです。

すべては無知の為せる業(わざ)です。無知であるが故に、人類はいつも自らを誤った方向に、間違った方向にと導いていってしまうのです。

だがしかし、またここで次のような反論が出てくるでしょう。

「いや、自分は決して間違ったことなどしていない。正しいことをしつづけてきた。そして人一倍努力もしてきた。それなのに何故、自分の受け取るものが不幸なのであろうか」と。

だがしかし、どんなに反論しようとも、あなたが現実に受け取ってしまった不運、不幸そのものが、自分が何を想いつづけ、為しつづけてきたかの証(あかし)なのです。

真理を理解し、それを真に実行している人々が、自らが欲しないものを受け取ることなど、決してあり得ないのです。彼らが受け取るものは、永遠なる幸せ、歓喜、繁栄、成功……などです。

従って、自らが欲しないものを受け取ってしまったということは、厳しいようですが、あなたの想念、行為の中に、何らかの真理から外(はず)れた部分が存在していたに相違ないのです。

努力一つをとってみても、心から最善を尽くそうという努力よりも、最善を尽くしているように装うための努力に心を傾けてきたのではないか……、と言えるのです。また、真に愛深き人間であろうとする努力、人を心から赦（ゆる）そうとする努力よりも、自分自身をも騙し、偽ってしまうほどの見せかけの愛や見せかけの赦しを自らに強い、愛深き人のように装う努力を重ねていたのではないか……。

要するに、自らの本心からほとばしる善なる想念、行為こそが、善なるものを引きつけるにふさわしい真なるものなのです。

つまり、人類は皆それぞれ、自らのさまざまなる感情想念や思考の組み合わせによって、自らの人生を築き上げているということに尽きるのです。

自らの心と正しく向き合い、心の癖を治す努力を

日々の生活において、歓び、愛、悲しみ、不安、恐れ、怒り、不平不満……と次から次へと想いの波が、心の奥底から湧き出るように込み上げては、消えてゆきます。人を騙（だま）そうとする心や卑しい心、汚らわしい想念なども湧いて出ます。かと思えば、今度は現実か

ら逃避する想いや、自らの過ちを人に責任転嫁する想いなども……。

これらの種々さまざまな思考や感情想念は、他人ではなく自分自身の心から発せられているものです。

自らが自らの感情や思考の主人、即ち持ち主であるからには、自らがそれら一切の責任者として、あらゆる感情想念や思考をコントロールしなければならないのです。

故に、輝かしい人生を創造したいと思うならば、自らが自らの感情を支配できるほどの、真に強い人間へと成長しなければなりません。

卑しく汚れた感情が湧いて出た時、嫉妬心や憎しみ、憤りが湧いて出た時、それらをしっかりと受け止め、それこそ[注1]「消えてゆく姿で世界平和の祈り」の中に投げ入れ、否定的感情想念の原因でもある低次元意識を消してゆかなければならないのです。

それらの低次元意識を「消えてゆく姿で世界平和の祈り」に限りなく投げ入れることが出来るように、そこに行きつくための努力を自らに強いるのです。

すさんだ想い、自暴自棄の想い、人を差別する想いや人を抹殺するような想念は、ついには、自らを滅ぼすことになるのです。心こそ、自らの人生を創り出す源泉です。

それ故、日頃から、自分の心からどんな想いが湧き出ているのかを注意深く見守る必要があるのです。

自らの心を直視できずに、ごまかしたり、偽ったりしつづけるならば、この先も裏切りや災難、悲しみや挫折を背負ったまま、苦悩の道を歩むことになるでしょう。

悪しき道から、自由で輝かしい善き道へと移るためには、一にも二にも、真理の法則を知らねばならないのです。

今まで自らの魂が真理の法則を理解できぬまま、何生も生まれ変わり死に変わりを繰り返してきた結果、怠惰な心の在り方が習慣となり、心の奥にしっかりと刻み込まれてしまったのです。故に、まずその習慣を変えてゆくことから手がけなければなりません。

常に真・善・美の真実の生き方に沿って、正しく生きてゆこうとする心の在り方こそが、必要なのです。

人類は長い間、皆がそう生きてきたから……と、自分を省みることなく生きてきたからこそ、苦悩多き、悲しみ多き人生を歩みつづけることになってしまったのです。この責任転嫁の癖を治すのは、他の誰でもない、自分以外にないのです。自分が心して取り組む以外に方法はないのです。

人類は、自らの意志により、自分自身に気高き崇高な精神を確立させてゆかねばなりません。この精神は、自らの人生のあらゆる場面に深く関わり、見事に真理への道を切り開いてゆくものです。

その崇高な精神を確立するためにも、自らの心と正しく向き合い、自らの思考や感情をチェックするのです。すると、今まで自分がいかに自分勝手で怠惰で無責任であったかが判るようになります。なぜ自分は苦しみ悩むのか？　それらはすべて、自己の欲望を達成させようとする自我意識に原因があり、それ以外の何ものでもなかった、ということに気づくのです。

中には、努力もせず、よいこともせず、能力も磨かず、時間も労力も使わず、それでいて人があっと驚くような大きなことをしたい、などという、真理から全く外れたお粗末な考えを抱きつづけている者もいます。

真理の法則は、そのような利己的な生き方を、厳然として排除しつづけてゆきます。その心の愚かさに自らが気づくまで、苦悩や不幸、不運はこれでもか、これでもかと続くのです。

そのような生き方は、無知以外の何ものでもありません。無知ほど最大の過ちはないのです。

この世に誕生したからには、いかなる人も真理を学び、理解し、実行しなければならないのです。人類の闘争、殺戮（さつりく）、差別、飢餓、貧困……といった否定的な現象は、人類が無知であるが故に生じているのです。

原因・結果の法則を知り、現状をはっきりと見極める

真理の法則の中でも一番心して学ばなければならないことは、〝原因・結果の法則〟です。無知なる人は、表面に現われた結果のみに心を奪われ、その背後に潜む原因を忘れ果ててしまっているのです。そのため、自らの人生において、善きこと、輝かしきこと、幸せなることを受け取ることが出来ないのです。

宇宙の法則は常に私たちに介入し、私たちが巡らせている想いの具現化に向け、公平に、しかも確実に援助しつづけているのです。私たちがよい想いを巡らそうと、悪い想いを巡らそうと、宇宙の法則は、それを最も速やかに具現化させるべく、大いなる働きを為しているのです。

私たちは、この宇宙には、無知によらずして起こる否定的な現象は何一つ存在しないということを、よくよく認識する必要があります。そのためにも、改めて原因・結果の法則

をはっきり心にとどめる必要があります。

そして、自らが直面する現実の問題や状況の中から、自分にとって何が善なるもので、何が否定的なものかをはっきりと見極め、明らかにしてゆく心の姿勢が大事なのです。それによって、自ずと人生の流れは変わってゆきます。

自らの人生によくない結果をもたらしてゆく、その心の原因を常に認識し、把握し、コントロールしてゆかねばならないのです。そしてよい想い、光明なる想いを習慣づけることにより、自らの人生によい結果、よい影響がもたらされるよう、自らを導いてゆくのです。

だがしかし、人間の心とは複雑なもので、そう簡単なものではありません。繊細な心の人ほど、過去へのこだわりや見栄や、満たされない想いが複雑に入り交じっていて、なかなか自分の本心を見極められないものです。

人間は、シンプルであることが大切なのです。自分にとって要らないもの、余分なもの、心を飾るもの——見栄やうぬぼれ、高慢、卑下慢、利己心、我がまま、依存心などを、一刻も早く捨て去って、心をさっぱりと整理する必要があります。

人間の一生における種々さまざまなる現象は、それが輝かしきものであれ、破壊的なものであれ、すべては自らの想いと経験が複雑に入り交じり、組み合わされて生じたものであり、肉体はそれを表現するための道具にすぎないのです。

すべては自らの思考、感情想念によるものです。想いが現実をつくる。自らの想いが自らの人生を創造する。これこそが、原因・結果の法則です。この法則は、その働きを片時も停止しないのであります。

（２００４年５月）

（注１）怒り、憎しみ、嫉妬、不安、恐怖、悲しみなどの感情想念が出てきた時に、消えてゆくために現われてきた、即ち消えてゆく姿だと観(み)て、世界平和の祈りを祈り、その祈りの持つ光明の中で消し去る行(ぎょう)のことです。

なお、世界平和の祈りとは「世界人類が平和でありますように　日本が平和でありますように　私達の天命(てんめい)が完(まっと)うされますように　守護霊様ありがとうございます　守護神(しゅごじん)様ありがとうございます」という祈りです。守護霊守護神とは、人間の背後にあって常に運命の修正に尽力してくれている各人に専属の神霊を指します。

自分の人生は自分で決める

世界平和の祈り

祈りには、個人の願望成就や欲望達成のみに行なわれるものもあります。

しかし、五井先生[注2]が提唱された「世界人類が平和でありますように」という世界平和の祈りは、個人の願望や欲望を超えたところの、人類一人一人の本当の願いであり、人類一人一人の天命そのものの祈りです。

しかも、この世界平和の祈りを祈りつづけることにより、個人の願望、欲望も自然に成就し、達成されてゆくのです。

五井先生がこの祈りを提唱されたのは、戦後まもない頃で、人々が貧困に喘ぎ、仕事もなく、食べ物もなく、悲惨な状況の中でその日、その日を過ごしている時でした。

そのため、多くの宗教では、個人のその時々の苦しみを取り除き、希望や欲望を達成するための祈りを教えていました。そして、人々は、まず自分が幸せになるにはどうしたらよいのか、自分がどう生きてゆけばよいのかを神に願い、祈っていました。

しかし、五井先生は、そうではなかった。五井先生は「お金を下さいでいい。助けてくださいい、病気を治してくださいでいい。そう祈ってもいい。そう祈って悪くない。その代わり、最後に〝世界人類が平和でありますように〟と付け加えなさい」とお説きになったのです。

そこで我々は、「夫が無事でありますように、子供が無事でありますように、自分の病気が治りますように」等というそれぞれの願いを入れながら、最後には「世界人類が平和でありますように」と祈ってきたのです。

その祈りは、自分の願望や欲望を超えた、世界人類の幸せを祈る祈りですから、自分自身の願望や欲望に対して自己嫌悪を感じたり、自己処罰する必要もありませんでした。

我々は、世界平和の祈りを選ばないことも出来ました。しかし、五井先生に教えられた通り、どんなに苦しい時でも、つらい時でも、悲しい時でも、愛する人を失った時でさえも、「世界人類が平和でありますように」と祈りつづけてきたのです。そして、我々は大きく変えられ、救われてきたのです。

この祈りの中には、大きな意味が含まれているのです。それは「個人人類同時成道（じょうどう）」という、祈ることにより個人と人類の両方が救われるという深い真理です。祈りはエネルギーですから、この祈りのエネルギーは、自分を救い、幸せにしながらも同時に、人類一人一人を救うのです。

誰にでも悩みや苦しみはある

戦後のみならず今でも、人はみな悩みや苦しみを抱えて生きています。一国の大統領でも首相でも、国を引っ張っている公の自分と、心の中ではこれでよかったのか悪かったのか、人はどう思うだろうかという悩みを抱えた個人の自分が存在しています。また、聖職者にも個人の悩みはあるのです。その悩みをどのように取り除いてゆくかが、宗教のあり方です。

そして、五井先生が教えてくださったのが、「消えてゆく姿で世界平和の祈り」であり、

「人間と真実の生き方」(注3)でした。

人間としてこの世に生まれたからには、誰にでも苦しみや悲しみがあるし、事故や病気に遭うこともあるでしょう。過去の自分が前生(ぜんしょう)で行なってきたことはすべて、善いことも、悪いことも、人に尽くしたことも、人を傷つけたことも、今生(こんじょう)に現われてくるからです。そして、消えてゆくのです。

今、交通事故に遭った、愛する主人に死なれた、子供が登校拒否になったというその時、その状況をどのように受け止めてゆくかによって、人生は大きく変わるのだということを五井先生は教えてくださったのです。

自分だけに苦しい、つらいことが起こるわけではないのです。人間はみなそれぞれに迷い、人生に不条理や不公平を感じています。そう思っている人たちがほとんどの人間社会の中で、それを自分なりにどう解決してゆくかというのが、五井先生の教えなのです。

普通の宗教は、「神様に助けを求め、祈りなさい。そうすれば自分の願いはかなえられる」と教えます。これも事実です。一つの祈りのプロセスです。人類が通るべきプロセスです。

それ故、五井先生は決してそれを悪いとはおっしゃっていません。いろいろな宗教があってよろしいとおっしゃっているのです。祈り方もその人のレベルに応じて変わってよいのです。

世界にはたくさんの宗教団体があり、善悪さまざまです。その中から、どの宗教を選ぶかは、あくまで一人一人の選択に任せられています。自分が立派な人生を歩んでゆくために、どの宗教団体に入ったらいいかを自分で決めるのです。

自分が本当に納得のゆく、素晴らしい一生を送るために、ある人は宗教につながり、ある人は哲学書を読み、ある人は心理学を学ぶ。それを自分で選択してゆくのです。これが人類に平等に与えられた自由なのです。

どんな人でもプロセスを通らなければなりません。そのプロセスを通して、初めて自分自身の中から本当の答えが導き出せるようになるのです。

宗教の道も同じで、プロセスがあります。現在、自分はどの段階にあるかを正直に見つめ、自分に合った方法を選択すればよいのです。

それなのに、人がこうなったから自分も、というように人と比較してしまうから、心の平和が乱され、不平不満や葛藤が生じてくるのです。

不平不満はどこから生じるか

平和とは何か。私は、日本ほど平和な国はないと思っています。爆弾が落ちてくる心配もないし、飢餓に陥る心配もない。病院も近くにあるし、食べ物もお金を出せば手に入る。夜は温かいベッドで寝ることが出来る。

こんなに平和な国に生きる人々は何と幸福であろうかと思うけれども、一人一人の心の中に平和はないのです。こんなに素晴らしい国に生まれたにもかかわらず、一人一人の心の中は、幸せではないのです。

そうすると、戦争がないことが平和なのではない。満たされることが平和ではないということになります。

本当の平和とは、一人一人の心の中で築き上げられるものなのです。一人一人の心が平和になってこそ、初めて世界人類の平和が訪れるのです。

一人一人の心が変わらなければ絶対に平和は来ません。持てる国が持たざる国に食糧や物資等あらゆるものを運んでも、一時は喜ばれるかもしれないが、満たされた後にはさらなる不平不満が起きるのです。なぜなら、人間の欲望には切りがないからです。

誰の心の中にも欲望や不平不満があります。大切なのは、その欲望を、わだかまる不平不満をもっとしっかりと、逃げないで見つめることなのです。住むところがあり、家族があり、食べ物もある。それなのに、心の中の不満は何なのか。その悲しみは、痛みは、悩みは何であるのか。

なぜ、心の中が平和でないのか。不満が生じるのか。それは自分に自信がないということです。

一人一人に自信がなく、自分の決定に責任が持てない。人がやることをやっていれば間違いない。まず人を見て、あの人がやったら自分もそうやろう。でも、本当は違うようにしたい。しかし、そうやったら人は自分をどう思うだろうか、変に思うかもしれない、とナンセンスな生き方にがんじがらめになっているのです。

誰も、自分の人生を自分で決めてはいないのです。それは自分に自信がないから。自分で自分の生き方の責任をとる勇気がないから。グループから孤立するのが怖いからです。

要するに、自分の生き方にどうやって自信を持てるようにするか。それを探求するのが本当の宗教です。

人生は一瞬一瞬の選択によって決まる

今こそ私たちは人間というものを、生命というものを見つめる必要があります。

私は数年前より「果因説(かいんせつ)」(注4)というものを唱えています。これは、人間は本来素晴らしいものを持っているということに基づいた説です。いかなる民族、人種であろうと、生命はみな素晴らしい働きをしています。

私たちは、例えば、今寝るから心臓よ、しばらく休んでいい、腸よ、今食べるから働きを始めよ、というように、自分で肉体の一つ一つの働きをコントロールしているわけではありません。

生命というものは、そうした自分のコントロールを超えて自然に営まれている、完璧な肉体の働きなのです。

その肉体を不完全に、不調和にしているのは、私たちの心なのです。心が自分自身の肉体を歪めてしまっています。本来は、病気などないのです。本来は、すべてが完全で調和しているものなのです。それが果因説の基であります。

もちろん前生(ぜんしょう)の因縁によって、病気になることもあります。あるいはその状態を自分自身で選んで生まれてくる人たちもいます。前生で肉体に感謝することなく、肉体を粗末に扱って亡くなった場合、今生（こんじょう）にハンディを持って生まれることによって生命の大切さを改めて学ぶのです。

また、周りの人に生命の大切さ、健康の有り難さを身をもって教えるために、身障者として生まれてくる人もいます。いずれにしても、人間はより完璧な人間としての体験を積むために、さまざまな選択をしているのです。

人は、まさに一瞬一瞬の選択によって自らの人生を決めています。しかし、多くの場合、その選択の基準はその場、その場のフィーリングです。本心から出てきた真理によって選択しているわけではなく、利害損得によって決めているのです。

そのように利害損得で人生の選択をしてゆくと、どうしても真理から離れた、歪んだ人生を歩むことになります。真理によって選択するには、やはり真理とは何かを学ぶ必要があるのです。

よく、人生は不公平だ、不条理だ、苦しいものだといいますが、それは、真理の言葉ではありません。ただの利害損得から出ている言葉なのです。

まず私たちが本当に学ばなければいけないのは、自分の本当の素晴らしさです。自分を本当に素晴らしいと思えなければ、本当の幸せは来ないということです。自分を本当に赦し、自分を本当に愛せるようにならなければならないのです。

常識から見れば、自分を愛するなんて自己愛じゃないか、自分を赦すなんて勝手じゃないかと言いたくなるかもしれません。しかし、自分を赦せない人は人も赦せないし、自分を愛せない人は人も愛せないのです。

皆、自分の中に自分をダメだ、自分は下らない、自分は勝手だと、自分を批判する自分がいます。皆そうです。そして、それが本当の自分だと思うから、人生はつらいし、苦しいし、悲しいし、病気になるのです。しかしそれは消えてゆく姿の自分であって、本当の自分ではないのです。本当の自分は素晴らしく、愛深く、人のために尽くしたいのです。人のために役立ちたいのです。

自分で自分を変えてゆく

一方で、人は自分の存在を他人に認められたいという想いもあります。それゆえ、認めてもらえないと腹が立つのです。そして、何よりまず自分を認めさせようと、他の人の心や生き方を変えようとします。

また、他の人の宗教を変えようとします。そこに戦争が起こる要因があるのです。

本当に人を変えたければ、まず自分自身が変わる以外にありません。

人を見て、あれが悪いこれが悪い、あれさえ直ればうまくゆくのにと思うことがあります。

しかし、自分はどうなのか。自分は完璧か。人の批判ばかりして、理屈ばかりつけ、人の欠点ばかり見ていないか。

本当に人を変えたければ、そして、世界を平和にしたければ、自分自身が変わる以外にないのです。戦争や平和という大きな問題を取り上げて議論する前に、まず自分自身が尊敬されるような人間になることです。

人間というのは、自分で思った通りのものになります。皆、自分が思った通りの人生を築き上げてきたのです。夫がこうだったから、妻がこうだったから、会社が、同僚が、学校の先生がこうだったから、自分がこうなったんだ、ではないのです。全部自分が思った通りの人生を自分自身で築き上げてきたのであります。

だからこそ、自分で自分自身を変えられるのです。自分で自分を変えなければ、自分の人生も変わらないのです。

それを政府が変えてくれないから、会社が悪いから、と自分以外のせいにするのは間違っています。一生懸命自分で生き抜こうとすれば、そして、自分にはっきりとした希望や目的があれば、どんなに不況でも、リストラの中にあっても、絶対に不幸な人生にはなりません。

人類には平等に自由が与えられています。それを規制してしまっているのは、他ならぬ自分なのです。自由を規制しているのは、宗教だとか、教育だとか、常識だとかいいますが、一番規制しているのは、自分自身なのです。皆、そこに気づいていません自分で自分を縛りつけて、こうしたらいけない、こうしたら人からどう思われるかと、皆、自分でつくり上げた幻想の中で窮屈に生きてしまっています。

中には、家族がいるからしたいことが出来ないという人もいるかも知れません。でも、本当にしたいと思い家族を説得すれば、その説得力に家族はついてくるのです。

人間はみな、他人が創った想いの中で生きているようなものです。自分で自分の人生を歩んではいないのです。本当に自分で自分の人生を決定すれば、自分で責任を取れるように運ばれてゆくのです。

子育てにおいても、子供の意志を尊重することが一番です。どんな小さな子供にも、自分はこれをしたい、したくないという意見があります。親が子供にこうしてはいけない、ああしてはいけない、あの学校へ行かなければ、この仕事に就かなければと言うから、反発したり、病気になったりするのです。子供もしばらくは我慢しますが、限度を超えると自分で自分をコントロールできなくなって病気になるのです。

自分のことは自分で責任を取れる

自分でやりたいことの責任は自分で取れるのです。そのためには正しい選択をする必要があります。どういう選択をするか。欲望のためか。人のためか。メンツのためか。もし、一瞬一瞬の選択が自分の本心から発するものであれば、必ずうまくいくし、必ず自分で責任が取れるのです。

自分で選択したにもかかわらず、結果がうまくいかないのは、心からやりたいことではなかったということなのであります。

私たちには正しい選択をする力があるのです。私たちの肉体は完璧に動いています。生命は無意識のうちに完璧に営まれています。

人間はもともと不調和ではありません。不完全ではありません。不条理ではありません。

もともと完全なものだったのですが、長い長い間、何万年と経るうちに真理が曲げられ、いつしか人間は自分が不調和で、不完全で、不条理であると思うようになってしまいました。

それを根本から覆したのが「我即神也」(注5)の真理です。私たちは本来、神そのものです。無限なる愛、無限なる叡智、無限なる直観、無限なる健康、無限なる繁栄、無限なる成功、無限なるパワー、無限なるエネルギー……に満たされているのです。

しかし、そうした無限なる素晴らしい力、知恵も直観も、正しい選択が出来る力も持っていながら、自分でそれを否定して相手に委ねてしまった。だから、人にコントロールされるのです。

あなた方はなぜ人の言うことを聞かなければいけないのか。人にコントロールされなければならないのか。その人を恨んでも、憎んでも、その人のせいではない。あなた自身が、自らの素晴らしい権能の力を相手に渡してしまったのです。それを取り戻せばいいのです。

もうこれまでとは違うのです。自分で決めるのです。その代わり自分で責任を持つのです。皆、素晴らしい力を持っています。それなのにその力を使おうとせず、安易に人に頼ってしまっていたのです。

病気をつくったのも自分です。これはとても厳しい話ですが、毎日少しずつ、不平不満やストレスがたまって、ある日病気になるのです。本来柔らかい、自由自在に動いている体が、だんだん抑圧され、固くなってはじめて病気という症状になるのです。固くなったものを医学の力で取り除いたりすることも出来ます。しかしながら、その解決を医者に任せきりにして、もう自分の症状も自分で判断がつかず、自分はどうなるのだろうかとまた神経を使い、自分を締め上げてしまっては何にもならないのです。そういう自分をほぐしてゆくのは自分自身です。そのためには、自分の考え方を変えればいいのです。変えるだけで治ってゆくのです。思いを変えるだけですべては解決できるのです。

自分でつくった病気は、自分で治せるのです。人がつくったものは治せないし、解決できない。だが、自分でつくったものは、それがどんなことであれ、必ず解決できるのです。ドクターが治してくれる、人が導いてくれる、人が決定してくれるのだ、というのではなく、自分で出来るのだ、自分は本来その力を持っていたのだ、それを忘れていたのだ、見失っていたのだ、人に任せていたのだということに気づいた時に、人間は大きく変わるのです。強くなれます。自由になれます。人にコントロールされなくて済むようになります。

生命というものは本来、素晴らしく、すごいものです。それをぜひ、体験していただきたい。小さなことから体験するのが一番です。自分でつくったこと、自分でしたことの責任は、自分で取れるのです。自らの人生は自分で決定できるのです。

死の瞬間まで生命を輝かせる

〝我即神也、自分は本来、神そのものだった。ごめんなさい、自分をいじめて申しわけない。自分自身をこんなに抑圧してしまった。本来、私は神であり、生命は生き生きしているものだ、このように長い間、抑圧してしまって、自分の肉体さん、ごめんなさい〟と言って、自分自身を見つめ、真剣に目的を持って生きれば、奇跡のようなことも起きるのです。

変わろうと思った瞬間、人間はいかようにも強くなれるのです。ダメだと思ったら、死ぬまでダメなままです。一人一人、自分に与えられた素晴らしい生命を、どうぞ大切に生きていただきたい。自分と同じ生命を誰もつくり上げることは出来ないのです。この世に一人だけの、この与えられた生命を最後まで、死ぬ瞬間まで輝かして生きていただきたい。

そのためには、自分の心、自分の生き方から不平不満、執着を取り除き、自らを平安に導いてゆくことです。

人間は、最後まで自分の責任において、人に迷惑をかけないで生きることが出来るのです。皆、病院で死ぬことが運命づけられていると心の底から思い込んでいます。しかしそれは間違っています。

死ぬ瞬間まで人に迷惑をかけない。自分の生が続く限り、自分の生命を輝かせて生きようという目的を持てば、すべてはそのように運ばれてゆきます。どんな状況であれ、自分の心の姿勢によって、自分の望むような死を創造することが出来るのです。

死の概念を、私たちから変えてゆきたいと思っています。自分の子供や孫たちに死を恐れさせない、病気を恐れさせない生き方を見せてゆくのが私たちの役目です。

人間は、死に対して自分自身で責任を取る必要があります。自分の死は、妻に任せるものでも、夫に任せるものでもないし、子供に任せるものでもない。自分自身で結論づけて、そして死後の世界に移行してゆくのです。

素晴らしい移行をするためには、自分の生に悔いを残さないことです。自分の人生を輝かしく生きた人に苦しみはありません。苦しむのは、自分の人生を悔いて、失敗や過ちを死ぬ瞬間まで引きずっていたがためです。しかし、私たちは、家族に感謝して、自分の人生は素晴らしかったよ、あなた方もそのようにしてよと示すのが役目だと思うのです。

そのためには、悔いのない人生を歩んでゆかなければいけません。妥協したり、人の言うことに従って生きることは、本当の生ではありません。

そのために、自分に自信を持って生きることです。そして自信を持つためには、真理を理解し、実行し、自らの人生を自らが決定してゆくことに尽きるのであります。

（２００1年10月7日　札幌での講演より）

（注2）　大正五年（１９１６）、東京に生まれる。昭和二十四年（１９４９）、神我一体を経験し、覚者となる。白光真宏会を主宰し、祈りによる世界平和運動を提唱して、国内国外に共鳴者多数。昭和五十五年（１９８０）、帰神（逝去）する。著書に『神と人間』『天と地をつなぐ者』『小説阿難』『老子講義』『聖書講義』など多数。

（注3）　「人間と真実の生き方」（教義）は巻末参照。

（注4）　自分が望む（結）果を心に描き、心に刻むことによって、現象界にその（原）因が引き寄せられ、やがて自分が望む（結）果がもたらされるという説。

（注5）　我即神也の真理を表わしたものに、我即神也の宣言文があります。巻末参照。

体験こそすべて

印(いん)は真理とつながる一番の方法

印(注6)というものは、宇宙の真理とつながる一番の方法です。印は、自分のためだけではありません。今、世の中で苦しんでいる人たちに光を与える、素晴らしい方法なのです。印は、人種、民族、宗教などのバックグラウンドや、思想の違いを超え、人々の生命が一つに融けあう方法です。印を組む時、そこには何の差別もありません。よい人も悪い人もありません。過去の失敗もありません。仮に未来への不安があったとしても、印を組むことによって真理の光が自分の肉体を通り、自分自身が浄まります。そしてその光によって、人類に真理の目覚めを促すことになるのです。

印を組む人々は、生命輝かに生きています。印を組む瞬間、自分が抱えているあらゆる問題をすっかり忘れ、印の中に統一するからです。

たとえ今、どんなに苦しみや悲しみを抱えていようと、印を組んでいる時は神と一体になり、その人の背後にはオーラが輝くのです。今、とても不調和な状態、苦しい状態に置かれているとしても、それは全くの〝影〟なのです。

人類は本来、生命輝かに、光の中に包まれているものです。その魂は崇高にして、輝いています。それが人類一人一人の本当の姿なのです。しかし人類は皆、本当の自分に気づいていないのです。

自分をもっと尊ぶこと

これまでにも、たくさんの宗教が、いろいろな真理を教えてくれました。苦しみをどのように解くか、悲しみをどのように克服してゆくか、真理とは何か、自分とは、人生とは何か……。

だが、いくら努力しても、人々はなかなか不幸を乗り越えることが出来ませんでした。

この世界から戦争をなくすことも難しかった。民族紛争、宗教戦争、人種問題など、人類はいろいろなことを抱えて生きています。

生命はみな同じ、平等です。その視点に立てば、悪い人は一人もいないし、誰も間違ってはいません。でも、どこかで人類は、生き方を間違えてしまいました。一生懸命生きれば生きるほど、一生懸命考えれば考えるほど分からなくなってしまいました。

そして一番簡単な生き方、自分の生命を喜ばして生きることが出来なくなってしまったのです。いつも自分を叱咤激励し、自分を責め裁き、自分の失敗に苦しみ、人にどう思われるかとおろおろしてばかりで、毎日喜んで生きてはいません。でもしようがない、仕方がない、これが人生だと思っています。そこから誤った人生が始まったのです。

私は皆様に、もっと自分を尊んでいただきたい、自分自身を尊敬していただきたい、自分の生命を大切に生きていただきたいと思っています。自分の生命を大切に生きることによって、人の生命の尊さが本当に心の底からわかるようになるのです。

しかし、人は、学校の成績が悪く、親から「お前はばかだ」と言われたり、友達から「アホ」だの「とろい」だのと言われたりすると、自分自身の能力を否定してしまいます。そして自分は大した人間ではない、能力がないと思い込むのです。それは、自分の生命に対して本当に申しわけないことです。

親や友人や学校の先生の評価の仕方が間違っています。皆様は今まで、国語の点で、数学の点で、英語の点で、体操の点で、どれだけ評価されてきたことか。また学校でいたずらをした、失敗をした、人の物を盗んでしまった、たったそれだけで、どれだけ批評を、非難をされてきたことか。ある人はそれを乗り越えたでしょう。しかし多くの人は、そうなんだ、自分はだめな人間なんだと信じてしまいました。

生まれた時には、どの宗教に属していようと、どの民族であろうと、どの人種であろうと、みな子供として同じです。平等です。みな尊い生命を授かっています。

だが、どこかで差別がなされます。親や先生の教育です。そういう評価をした親や先生は、本当に神のように素晴らしい人であるのか。ほとんどの人がそうではありません。そういう人たちが真っ白な、崇高な魂を汚してしまうのです。

だからこそ、人種問題が、宗教戦争が、民族紛争が絶えないのです。

そういう教育、生き方を変えてゆかなければ、この世の中に本当の平和は来ません。

体験ほど尊いものはない

そのためにも、自分をもっと信じることです。自分自身の力を限りなく信頼することです。そこから本当の人生がスタートします。

皆、自分の能力をあまりにも過小評価しすぎています。自分は大したことがない。どんなに努力しても人は認めてくれない。その想いはどこから来るのでしょうか。本当に自分の本心から来ているのか。そうではない。自分自身も心のどこかで、いやおかしい、自分は出来るはずなのに、どうして途中で挫折してしまうのか、と感じているはずです。

それは、困難を乗り越えたという体験がないからです。書物をどんなにたくさん読んでも、一つの、自分で困難を乗り越えた体験に勝るものはないのです。体験ほど尊いものはないのです。

どんな状況に陥っても、自分の体験を拠り所にして行動するならば、必ず正しい生き方へと導かれてゆくものです。だが、常に苦しみや悲しみから逃れ、人に頼り、人から知恵を授かり、解決してもらう生き方が身についてしまった人たちは、自分の力を発揮するチャンスがないままに死を迎えます。

その死は、大変に不安で、恐ろしいものです。何故ならば、何一つ自分で困難に立ち向かったという体験がない、人を助けたという誇りさえない。ただ、皆に笑われないように、皆についていくのに必死で、見よう見まねで人がやることのみを一生懸命やってきた結果、迎える死だからです。

一日一日を逃げないで一生懸命生きれば、死は怖くありません。だが、いつも逃げて、人に頼ってばかりで自信のない人は、何が起こっても怖い。道を歩くのでも怖い。人に会うのでも怖い。ちょっと病気しても怖い。自分自身の中に、あらゆるものを解決する力が育っていない。その経路が出来ていないからです。

また、例えば、離婚問題だったら夫と妻が本当に話し合えば、二人だけの間で済むはずです。しかしそこに弁護士を巻き込むので、弁護士同士の知識合戦となって、不本意な条件も呑まざるを得なくなります。自分自身の人生が振り回されてしまうのです。

なぜ、自分の力で乗り越えようとする努力を忘れてしまったのでしょうか。安易な生き方があまりにもはびこりすぎて、自分の人生は自分で築いてゆくものということを忘れてしまったのです。自分の人生は、人が与えてくれるものではありません。自分自身です。自分自身の心のあり方がすべてなのです。

実に多くの人々が肩書きを信じています。しかし、どこか間違っています。肩書がついているから、知識をいっぱい持っているから、お金を持っているから偉い人だ。それに対して自分は知識を持っていないから、富を持っていないから、肩書を持っていないからだめだと思う。そういう二十世紀までの低次元の生き方をもう卒業しなければいけません。

これからの人間は、精神性で決まります。どれだけ人のために尽くしたか。どれだけ人のために自分が役立ったか。それが本当の人生なのです。

知識ではなく、生命を信じる

私は自分自身の生命を信じています。自分の力を信頼しています。書物から得る知識ではなく、生命からあふれ出る叡智（えいち）、いざというときに自分を導いてくれる、その神秘なる力を信じています。

生命は誰もが信じています。だが、人々はその生命に神秘なる力があることをすっかり忘れてしまっています。

赤ちゃんのことを考えていただきたい。一生懸命に立とうとする、あのすごさ。子供は何百回転んだって絶対ギブ・アップしません。歩けるようになるまで、どこをぶつけようが、傷だらけになっても立とうとします。

それは、親が「立つ時にはこうしなさい、もういい時期だから立ちなさい」と教えたのでしょうか。そうではないのです。教えて立てるものではありません。

人間というのは本当は生命です。どんな人も素晴らしい叡智を持っています。

たとえ、どんなに悪いことをした人でも、いいところがあります。なぜそれを見ようとしないのか。

それは、自我があるからです。いいところを見ようと思ったら、どんなに軽蔑されている人の中にも、私たちにはかなわない素晴らしい部分があることに気づくはずです。また逆に、皆から尊敬されている人の中にも、汚い、卑しい部分があるかもしれません。そうした表面的なもので、人間は判断できないのです。

崇高にして、誰にも侵すことの出来ない生命。それをお互いに認め合わなければ、この世の中から争いはなくなりません。民族紛争も宗教対立も人種差別もなくなりません。一人一人が変わらなければ、平和にはならないのです。

自分に解決できないことはない

人間には、つらくても苦しくても、必死に問題に向かえば必ず解決できる、そういう素晴らしい能力があります。しかし、みな人に頼ることばかりに必死になっています。なぜそのエネルギーを、自分自身で問題を解決する方向に使わないのでしょうか。意識を変え、自分で問題を解決すれば、素晴らしい自信がついてくるのです。

人間はみな、自分に自信がありません。そこで人と比べて自信を得ようとします。そこに差別が生じます。あの人より自分は勝っている、あの人より私のほうが美しい、あの人は私より汚い、あの人は私より……と比べてしまいます。なぜ人と自分を比較したいのか、差別したいのか。それは、自分自身を有利に働かせたい、自分自身を素晴らしい者だと思いたいからです。それは間違った思い方です。

人と比べることで、人の欠点やあらを探し、自分が優位に立つ。それは汚いやり方です。正々堂々と自分にきちんと向かい合うべきです。

自分は自分の力で何でも解決できる。その力を改めて自分自身に分からせるために、印を何十回、何百回、何千回と繰り返し組みます。そうすると、組んでいるうちに素晴らしい叡智が、忘れてしまった直観力がふわーっとよみがえってくるのです。

病気もそうです。怠惰な生活や誤った習慣などから自分でつくり上げた病気は、必ず自分で治せるのです。ドクターを一〇〇パーセント信じ、自分の力を一パーセントも信じていないから、治らないのです。人に頼っているところに病気を治らせない要因があります。自分自身の生命を輝かせ、すべてを受け入れ、喜びをもって日々の生活を送ってゆくなら、病気は吹き飛んでしまいます。ばい菌やウイルスが体内に入り込んでも、調和させてしまうことが出来ます。それらを自分の味方にすることが出来るのです。

毒を飲んでも、直観的な人は口にしただけでおかしいと分かります。もっと直観的な人はにおいを嗅いだだけで分かります。それぐらいなぜ自分自身の肉体のヴァイブレーションをトレーニングしないのでしょうか。なぜ怠惰や貪欲により、感覚を麻痺させてしまうのでしょうか。

冷房や暖房もそうです。暑ければ暑いでいい。汗をかくことによって、身体にたまった老廃物や毒素などいろいろなものを出してゆくことが出来ます。本来、自然の中で人間は生きてゆけるようになっています。砂漠で生きる人は冷房がなくても生きていけます。北極近くで生きている人はマイナスの温度の中で生きていけます。同じ人間です。それなのに暑ければすぐ冷房、寒ければすぐ暖房。そうして肉体の感性を麻痺させたら病気になるのも当たり前です。

だからと言って、文明・文化を否定するわけではありません。文明・文化は喜んで、感謝して享受しなければなりません。大事なのは、人間というのは進化してゆく素晴らしい生命体であるということです。私たちは日々瞬々進化しています。この肉体も永遠に進化して、最後に神のような姿になるのです。

神の姿とは無限なる愛

神のような姿とは、どのようなものなのでしょう。神とは無限なる愛です。皆、神というと、自分とはかけ離れたものだと思いがちですが、そうではありません。なぜなら、どんな人間でも愛はあります。自分の近くに危なげな子供がいれば、誰でも助けようとします。水に溺れている人がいたら、その人を助けようと、自分の生命を投げ出すような、そういう素晴らしいものを誰でも持っています。ただ、そういうチャンスがないだけです。

しかし、それで自分が犠牲になったら、それは本当の愛ではありません。それは前生の因縁の消えてゆく姿です。犠牲的な愛は素晴らしいと思われていますが、それも一つのプロセスです。

助ける側が犠牲的な愛で死んだら、生き残ったほうはどれだけつらい人生を生きなくてはならないことか。助ける側が生命を投げ出すことは本望かもしれません。しかし、救われた側はどうか。相手の犠牲を思って苦しみ、自分を責め裁きながら、その人の倍以上にも崇高な生き方を示さなくてはなりません。

犠牲も前生の因縁です。例えば、前生で人を殺してしまって、今生で人のために自分の身を捧げる。これは因縁のなせる業(わざ)です。

本当に聖なる人の犠牲というものは、人類を救うものです。人類に決して苦悩を与えません。ともに喜び、ともに魂が浄まり、高まっていくものです。

犠牲的なものを求めることは、苦しみを自分に引きつけることと同じです。それはプロセスであって、私たちは進化しなければいけません。肉体も進化します。文明も進化します。地球も進化します。宇宙も進化します。あらゆるものは進化します。

進化のプロセスで、人間は最後には神のようになるのです。神のような愛。そこにはあの人より私のほうが勝っているという、差別や対立はありません。すべてが赦しです。存在そのものが太陽のように輝いています。いるだけで周りが明るくなります。皆がその光を浴びて喜ぶ。皆が幸せになる。そのように人類は進化してゆくのです。

進化するためには、特別な人だけが進化するのではだめです。人類すべてが平等に進化してゆくことが私の願いです。

自分だけ進化してゆくのは簡単なことです。しかし自分の夫も家族も周りの人々もみんな進化させてゆく。それが世界平和の祈りなのです。

世界平和の祈りと印の効果

「世界人類が平和でありますように」という祈りは、直接の問題解決にはならないと思うかもしれません。病気をしていて、今日、明日の生命かという時に、世界人類の平和を祈るのは大変なことでしょう。痛くて苦しんでいる時などには、自分が陥っている状態とはかけ離れた、途方もない祈りのように思うかもしれません。しかし、そうではありません。

「世界人類が平和でありますように」と、世界人類のほうに意識を向けることによって、今抱えている苦しみから少しずつ解放されるのです。問題を抱え込み、執着している心を真理の光の中に少しずつでも投げ入れてゆく。そのうちに、負担が軽くなってゆくのです。

私たちは他に一切頼らなくてもよいのです。逃げないで、じっくりと、今の状況を必死で迎え入れるのです。〃自分は出来る、絶対にこれを乗り越える力があるのだ、自分には印と世界平和の祈りがあるのだ。今までは、自分で解決する力などないと思っていた。でも、やれば出来るんだ〃と思い、世界平和の祈りと印を繰り返して行なえば、本当にその状況から抜け出すことが出来るのです。

私は皆様に、たくさんの体験を積んでいただきたいと思っています。一つ一つ、小さな体験を積み上げていけば、大きな困難な状況に出会った時にも、少しも怖くなくなります。親が赤ちゃんを可愛さの余り、転ばないようにと障害物を全部排除していったなら、大人になってから転んだ時に、重傷を負ってしまいます。それと同じで、人間には、一つ一つ越えなければならない、小さなステップがあるのです。

体験を積んでいれば、予測が出来ます。体験がなければ、何の予測も出来ません。だからこそ、体験は一つ一つが実に素晴らしいのです。その体験をなぜ恐れるのか。それが不思議です。

どんなにつらくても、どんなに血を吐くような苦しみにあっても、逃げずに問題と直面することです。その時はつらいかもしれませんが、その問題を越えられたという自信があれば、死ぬまで生命輝いた人生を送ることが出来るのです。

私は、人間が積む体験に善い悪いは一切ない、と思っています。どれが善い体験で、どれが悪い体験だというのでしょうか。盗む体験、人を殺す体験、それ自体は悪いかもしれません。でも、その体験によって、人間は全くの善人に、神のようになる場合もあります。

過去の体験に対しても、〝これは失敗だね〟などと誰が言えるのでしょうか。善い体験、悪い体験、それはそれぞれの進化のプロセスです。自分がどんどん進化してゆくために、いろいろな状況を体験してゆくのです。

その一つ一つの状況から逃げないで、人に解決させないで、祈りながら、印を組みながら向かってゆけば、必ず自分の力で乗り越えることが出来るのです。かつてのお金を使い、頭を下げ、恩を着せられて解決を図っていたことがばからしく思えるでしょう。そして、自分がなぜここにいて今こういう体験をするのか、はっきり判るのです。

過去の体験を批判することは、誰にも出来ません。神でさえ、人類を批判することはしないのです。その人の自由意志に任せて、じーっと見つめているだけです。いつその人が真理に目覚めてゆくか、それを待ってくれています。その、待つということが愛なのです。

逃げずに体験を積むこと

自分が置かれた状況から逃げないことです。つらい状況、苦しい状況、悲しい状況、挫折、孤独、いじめ……、それらを乗り越えてゆくことこそ人生です。

それらに負けていたら、次から次へと同じ苦しみが襲ってきます。小学校のいじめにしても、死ぬ気で相手と向かい合えば、その迫力に相手は逃げてゆくのです。でも、初めから尻尾（しっぽ）を巻いて逃げてしまったら、中学校へ行っても、高等学校へ行っても、社会へ出て結婚しても、また同じ体験を繰り返すだけです。

それでは、自分の人生とは何なのでしょうか。この世に生まれた自分は何のために生きているというのでしょうか。何のための尊い生命なのでしょうか。

人生の目的とは、この肉体を通して、真理を表わしてゆくことです。どんな困難に直面しても、出来る、やろう、死ぬなら死ぬでいいじゃないかと、そこまで覚悟できれば、怖いものなど何もありません。それだけの迫力があれば、相手は恐れて逃げてゆきます。どちらが勝つか負けるかは腕力で決まるのではありません。魂の力で決まるのです。

印を組む人々は、魂が輝いています。他人が向けるいじわるな想念、否定的な想念、嫌味もみんな光に変えて、相手に赦しと喜びと感謝の光を返してゆくのです。そうして私たちは、人類のために生命を生かせる生き方を学んでゆくのです。

これからどんなことが起ころうと、自分の力で解決できるんだという自信を養うことです。傷つき、血を出しながらも歩こうとした、赤ちゃんの時のことを思い出すのです。その時ギブ・アップしていたら、皆様は今、歩くことも出来ないのです。それを皆、知らないうちに克服しているのです。あの時歩けたということは、魂の力を十分発揮できたという証拠なのです。なぜその一番の原点を忘れてしまうのでしょうか。

あの、あふれ出るエネルギーを今でも、誰もが持っているのです。ただ使わないだけ、使うということを忘れてしまっただけなのです。赤ちゃんの時は素直に使えたが、今は知識のほうが先だから、人に頼ることのほうが楽だから、使わないだけです。

私は、自分の思ったことを一〇〇パーセント必ず実現してきました。絶対にあきらめませんでした。どんなに失敗したって、努力して実現させました。それは体験したからはっきり言えるのです。体験を積んでいなかったら、これだけはっきり言うことは出来ないでしょう。

一にも二にも、体験を積むこと、それこそ尊いことなのです。

（2001年8月9日　サンフランシスコでの集会の法話より）

（注6）印には、さまざまな種類があります。著者が提唱した自己の神性を顕現させる「我即神也の印」と、人類に真理の目覚めを促す「人類即神也の印」は、国内外に広まり、多くの人々によって組まれています。

印の組み方は、白光真宏会のホームページ（http://www.byakko.or.jp）でご覧いただけます。

神との同一化

真の自由とは、自らが自らを解放すること

有識者たちは今、地球それ自体が抱えている深刻な自然破壊や環境問題、天変地異や水不足に対して、真の解決策を見出せないまま立ちつくしています。人類はつい最近まで、自然には無限の浄化力や無尽蔵の資源が存在するという、決して有り得ないことを信じ、生きてきました。その結果を、私たち一人一人は今、突きつけられているのです。

それだけではありません。見えない世界では、人類一人一人の心の荒廃や心の破壊も広がっています。その中で最も深刻なことは、自らが自らを傷つけ、破壊しつづける行為で

す。

人は何故、それほどまでに自分自身を傷つけてしまうのでしょうか。自暴自棄に陥ってしまうのでしょうか。

自分の思う通りに人生を生きる自信が無いからなのでしょうか。確かに、自分の思う通りに、望む通りに、欲する通りに事が運ばれ、成就できれば、どれほど至福に充たされ、幸せになることでしょう。

だが、このように人生がうまく展開してゆくのは、ごく僅かな人たちです。多くの人たちは、自分の思う通りにゆかないのが人生だと思い込んでいるのです。

この自分の思うようにゆかない、自分の自由にならないということが、自らの心に葛藤を生じさせ、ポジティブな思考を停止させてしまうのです。そして、自己を責め裁き、ついには、自己卑下や自己批判に陥り、諦めと絶望へと自らを追いやってしまうのです。

人間にとって真の自由とは、自らが自らを解放することなのです。自らが自らの願望や欲望から解き放たれた時、人は真の自由を得ることが出来ます。自由そのものが、自分に向かって飛び込んでくるのです。そのメカニズムが解明されれば、誰しも自己破壊から解放され、全くの自由人となれるのです。

要するに、人類は、自分自身に関して余りにも無知なのです。この無知から生ずる無意識の思考、言動そのものが、自縄自縛となって自らの前に大きな壁を築き上げ、自らの行く手を阻んでいるのです。

自分の心に潜む低次元の自我意識こそが問題なのです。人類は自分のことのみ、自分の成功、繁栄、幸せ、欲望のみに心を奪われず、もっと意識を高め、世界的、地球的視野に立って生きることが大事なのです。

二十一世紀、人類一人一人が自らの無知から解放され、真の自己意識に目覚めなければ、地球の未来は危ういのです。そのためには、それぞれが、他者の救済、人類の救済を考える以前に、まずは自分自身の救済から始めることです。自らを、自らの無知、自らの欲望、自らの自我、自らの自己処罰から救済してゆくのです。

何故ならば、人は皆、自分自身がつくり出した苦しみによって苦しんでいるからです。

みな自分自身を偏愛し、自分自身と恋に落ちているのです。周りが見えず、すべてが自分、自分、自分……といった自我の塊（かたまり）です。

まさにそれこそ無知でなくして何でありましょうか。

自分がつくった悩み、自分がつくった憎しみ、自分がつくった悲しみに自分が振り回される愚かさにもう気づかねばなりません。これらの苦悩の原点は、すべて自分にあります。この自我を消滅させ、解き放つことが他者との共生、大自然との共生の始まりでもあります。

世の中は、自分一人だけでは決して生きてはゆけません。人類は大自然と共に目覚め、大自然と共に生き、大自然と共に眠っているのです。そこに一切の分離はありません。私たちは大自然の生命と全く調和し、生かされているのです。

苦しみの原因は間違った自我意識にある

人間はいかに苦しくても、またいかに多くの悩みや難題を抱えていようとも、決して自分のことのみに把われ、自分中心に生きてはなりません。そのような生き方では、自分が欲する真の幸せや平安は決して訪れるものではありません。

確かに今、自分が抱えている難題や種々の悩みは、それから逃れようと、必死にあらゆる手段を講じるならば、一時的には解決されるかも知れません。しかし、それはあくまでも一時(いっとき)の解決にすぎないのです。時が経つと、また同じような苦悩が現われてくるのです。

何故ならば、それは真の問題解決ではないからです。何故そのような苦しみや悲しみ、問題が生じてくるのでしょうか……。その原因を探求しない限り、真の問題解決には至らないのです。仮にその場しのぎで問題が解決されたように思えても、その根本原因の種を取り除かない限り、また新しい芽が吹き出てきます。

その種とは、自我意識に把われた生き方です。自分のみが救われ、自分のみがよかれと考える、その自己中心的な心がある限り、課題は尽きることはありません。自分への執着、自己愛の束縛から解放されない限り、自分の苦しみから自由になることはないのです。

私たちは、苦しみから逃れるために、逆に苦しみに同一化し、その苦しみをますます倍増させてしまっているのです。自我を見つめる代わりに、逆に自我と同一化してしまい、ますます自己愛に陥ってしまうのです。病気を恐怖し、病気から逃れたい一心で、逆に病気と同一化し、自分自身を病気に引き込んでゆくのです。

このように、原因の種はあくまでも自分自身にあるのです。誤った自我意識なのです。

消えてゆく姿と守護霊、守護神の働き

本来、自分と、自分の前に現われてくる消えてゆく姿（種々さまざまな苦しみ、悲しみ、病気……）の現象とは全く別のものです。本来の自分はあくまでも消えてゆく姿の鑑賞者

でなければなりません。本心の自己と自分の消えてゆく姿とを同一化してしまってはならないのです。常に鑑賞者に止まっていなければならないのです。

自分の前に現われてきたことは、自分の過去の種々さまざまな因が今、一つの縁に触れて、結果として現われて消えてゆこうとする現象なのです。それが病気であれ、苦しみであれ、憎しみであれ、別離であれ……その消えてゆく姿そのものの現象を自分と同一化してしまってはならないのです。

自分はあくまでも毅然とした鑑賞者に徹していなければならないのです。そして現象はあくまでも現象として流してしまわなければならないのです。

自分がそれと同一化することは、せっかく一つの因縁が現われて消えてゆこうとするその現象を、また再び摑んでしまい、そればかりか新たにその現象を大きく増幅させてしまっているのです。その結果、私たちは、この同一化したものによって自らが支配されてしまっているのです。自らが現象に把われ、執着することによって、自らを苦悩の中に引きずり込んでしまっているのです。

しかしながら、自分にまつわる種々さまざまなる現象＝消えてゆく姿（病気、争い、失敗、貧乏、事故、挫折、困難、別離、孤独……）の現われの背後には、必ず守護霊様、守護神様(注7)

による本質的な霊的誘因があるのです。自分一人で選択し、決断しているように見えても、実は自分の背後にて、守護霊、守護神が本人の選択、決断に合わせ、本人の意志決定通りの現象が現われるよう導き、助けているのです。

しかも、守護霊、守護神の愛により、いかなる消えてゆく姿の現象も、出来る限り最小限の形に食い止められているのです。

この消えてゆく姿も決して偶然ではなく、すべての条件が全部出そろった時、初めて自分の前に現われるのです。このすべての条件とは、①時（年、月、日、時間〈時・分・秒〉②場　③誰が　④誰と、または何と　⑤何のために、目的　⑥自然現象、天候……といったものです。

要するに、自分が、その時に、その場にて、誰々と、何のために、何をするのかという大ざっぱな要因が出そろったところで初めて、消えてゆく姿の現象が自分の人生の一コマに生ずるのです。

時が数分ずれても事が成り立ちません。
場が変わっても事が成り立ちません。
会う人が、現われる人が、一緒にやろうとした人が違っても事が成り立ちません。

例えば、自分がある目的をもって何かしようとします。それは、一人で行なう場合も、また誰かと共に行なう場合も、いつ、どこで、何をするかの条件が調うことによって、初めて成り立つのです。

だが、その条件が一つでも異なったならば、例えば、時が数分ずれたり、場所が急遽変更されたり、会うべき人が突然来なかったり……と、条件が一つでも異なると、現象もまた異なってきます。

このように、一つの現象（消えてゆく姿）が、自分の人生の一コマに現われるのにも、これだけ多くの要因が重なって初めて成り立つのです。

そのたった一つの消えてゆく姿——それが大きい現象にしても、小さな取るに足らない現象にしても、それが完全に現実に現われるまでには、どの一つの条件が欠けても成り立たないのです。

そのため、過去におけるカルマを一番早く、しかも一番小さく消すためには守護霊、守護神の導きを得た共同作業が一番よいのです。

組み合わせの選択、決定権はあくまでも自分にある

過去のカルマの因をこの世の縁を通して解消するために、消えてゆく姿が存在し、そして、そこには常に守護霊、守護神のお計らいがあるのです。

守護霊、守護神は、一つの現象を生じさせるためにあらゆる組み合わせを設定します。例えば、時をA、B、C、Dと設定し、また目的をA、B、C、Dと設定します。さらに、場をA、B、C、D、誰とをA、B、C、Dというように、です。

そして、その選択、決定権をすべて本人に任せるのです。守護霊、守護神は、その組み合わせをすべてAに選択するよう本人に働きかけます。

本人が消えてゆく姿で世界平和の祈りの真理を理解しているならば、自らの無限なる直観にて、必ずすべてにおいてAを選択します。なぜならば、常日頃より世界平和の祈りを祈り、守護霊、守護神への感謝をしているから、守護霊、守護神の望む組み合わせが判るようになるのです。

ところが真理を知らない人は、その時の感情想念、否定的想念による二元対立などによって、守護霊、守護神にとっては最も好ましくない組み合わせを選択、決定してしまうの

です。

仮にAが優、Bが良、Cが可、Dが不可とすると、その時、その人の否定的感情想念、憎悪、憤怒、嫉妬、苦悩、不安、恐怖、不満……によって、本来は光明思想による最高のAAAAの組み合わせをしたくとも、それがなかなか出来ないようにしてしまうのです。そして、例えばCDDB。ABCD、DBBA、DDDD……などという組み合わせをしてしまうのです。

この選択、決定権はすべて本人の自由に任せられています。たとえ守護霊、守護神であろうとも、それらの選択、決定をAにするよう本人に強要することは決して出来ません。守護霊、守護神の働きは、あくまでも本人の自由意志を尊重し、その人の過去の因縁を最小限に食い止めるための組み合わせを設定するところまでです。

そのため、真理を知っている人と知らない人では、消えてゆく姿一つをとっても、雲泥の差が生じてくるのです。真理を知っている人とは、五井先生の教え「人間と真実の生き方」を深く理解し、消えてゆく姿で世界平和の祈りを行じている人のことです。

この五井先生の真理を行じていれば必ず、守護霊、守護神と全く一つにつながり、守護霊、守護神の大み心、大愛による最上の組み合わせを自らの自由意志により選択し、決断できるようになるのです。

それによって、過去の暗き人生、困難や苦悩多き人生から脱却し、光明の人生を歩んでゆくことが出来るのです。

このように、自らの消えてゆく姿の背後には、必ず守護霊、守護神による導きがあるのです。たとえ、現在、真理を知らない人でさえも、かつまた、守護霊、守護神の存在を知らない人でさえも、守護霊、守護神はそのようなことには関係なく、あくまでもその人の今生においての苦悩や困難、痛みや悲しみが限りなく少なく済むよう、そして天命が完(まっと)うされるよう、常に見守り、導いておられるのです。

真理に沿って素直に生きるならば、大難も小難で済んでしまうのです。決して何事も自己の執着や不安、恐怖の想念によって、その消えてゆく姿の現象を大きく増幅させてはならないのです。

守護霊、守護神のご加護やご愛念により、最小限に食い止められ、終わろうとしている現象を、真理を知らないがために、その不幸や災難を逆に増幅させてしまってはなりません。

否定的現象に同一化しなくなった時、一切の苦悩から自由になる

この世に起こるすべて一切の現象は、さまざまなる直接的な原因＝因と、間接的な原因＝縁とによって生じているのです。この直接的なる原因＝因は、自分自身が引き起こすものです。そして間接的な原因＝縁は、因に引き寄せられてくるものです。この因縁によって、消えてゆく姿が生ずるのです。

そして、この消えてゆく姿をどう受けとめるかによって、現象そのものは勿論のこと、同時に自分自身も大きく変わってきます。自分の受けとめ方が真理に近づくに従って、不幸、災い、困難の見方、受容の仕方も同時に変わってくるのです。ただ単に災いや病気といったさまざまなる困難を取り除くのではなく、それらの現象の奥を理解し、消えてゆく姿の深さと高さを体験してゆくのです。

自分の心が不幸、災い、困難を取り除くことに把われ、それに専念するならば、もしくは、それらに同一化するならば、それら否定的現象を取り除いても、また、いかに消えていっても、種々さまざまなる不幸や災い、困難がなお、姿や形を変えて果てしなくやってくるのです。

しかし、この消えてゆく姿を、ただ素直に真理に照らし合わせて、

「ああ、過去における自分の因縁が今、消えていったのだ。ああ、これでよくなる。自分の今生における人生の一コマがこのような災いや不幸、困難を通して消えていったのだ。ああ、なんと有り難いことか。

しかも守護霊様、守護神様は大難を小難に変えてくださったのだ。この不幸や災い、困難の体験を通して自分の魂はさらに磨かれ、高め上げられたのだ。故に、もうこれ以上、同じような不幸や災い、困難の体験は自分には必要ないのだ。そしてこれからはもっともっとよくなるのだ。絶対に素晴らしくなるのだ……」

と受けとめ、それらの不幸や災い、困難に把われなくなった時、また、自分の心がそれらと同一化しなくなった時、それらの過去の因縁は一〇〇パーセント消え去るのです。そして自分の心が、不幸や災い、困難を引きつけなくなるのです。

そしてそれら否定的現象に一切、同一化しなくなった時、すべて一切の苦悩から自由になるのです。そしてさらには究極の真理〝我即神也、人類即神也〟(注8)に自らの心が自然に同一化することによって、今生にて光り輝く神そのものの人生が展開してゆくのです。

それは自らの心の中に、もはや一切の否定的想念や現象を引きつけるような思考が働か

なくなるからです。神との同一化こそ、今生における究極の天命達成なのです。

私は常に燦然と輝く光の中にある

見て！　見て！　この私をよーく見て!!

私がどんなに苦しんでいようと、
私がどんなに重病にあろうと、
私は神!!　私は光り輝いている神そのもの。

苦しんでいる私、重病にある私は、本来の私そのものではない。

すべては消えてゆく姿の私。

私は苦しんでいる私、重病にある私に決して同一化するのではなく、神に同一化するのである。

そのため、私は常に燦然と輝く光の中にある。

今生の生は、私がこの世への誕生前、すべてを計画した宇宙神への帰還の道。

見て！　見て！　この私をよーく見て!!

私がどんなに虐げられようと、どんなに差別されようとも私は神!!

私は光り輝いている神そのもの。

虐げられている私は、差別されている私は、本来の私そのものではない。

すべては消えてゆく姿の私。

私は虐げられている私、差別されている私に決して同一化するのではなく、神に同一化するのである。

そのため、私は常に燦然と輝く光の中にある。

すべては今生にて私がさらに磨き高め上げられるために、私がつくりあげた人生設計図。

見て! 見て! この私をよーく見て!!
私がどんなに孤独にあろうとも、
戦争の恐怖の中で打ち震えていようとも、
私は神!! 私は光り輝いている神そのもの。
孤独にある私は、戦争の恐怖の中で打ち震えている私は、本来の私そのものではない。
すべては消えてゆく姿の私。

私は孤独にいる私、戦争の恐怖の中で打ち震えている私に同一化するのではなく、神そのものに同一化する。

そのため、私は常に燦然と輝く光の中にある。

すべては私が無限なる愛、無限なる赦し、無限なる叡智を発揮するために私自身が定めた神への道。


見て！　見て！　この私をよーく見て!!

あれも欲しい、これも欲しいと物質のみがすべてと思い込み、限りなく物質を追い求め貯え込んでゆく私。

それでも私は神!!　私は光り輝いている神そのもの!!

いかに貪欲であれ、いかに他者を突き落とし、
自分の権力や地位を獲得せんと欲していても、
本来の私そのものではない。

すべては消えてゆく姿の私。

私は物質のみに同一化するのではなく、神そのものに同一化する。

私は常に燦然と輝く光の中にある。
すべてはこの世の誤った物質偏重の思考や行為を改めんがために、自らが解き明かす今生の旅路。

見て！　見て！　この私をよーく見て!!
私はもう消えてゆく姿の私と同一化することは決してない。
私は神そのものと全く同一化し、神そのものの道を歩む。
私は光そのもの、真理そのもの、愛そのもの、叡智そのもの。
私はもうすでにいかなることに対しての不安も恐れも動揺もない。
ましてや飢え渇くことも、
持たざるものも欠けたるものも、何もない。
私はすべてに充たされ、すべてに愛され、
すべてに抱擁され、すべてに祝福され、
燦然と光り輝く宇宙神と全く一つに融け合う。

見て！　見て！　この私をよーく見て!!

私はこの物質世界の学びをすべて卒業し、
この肉体の不自由なる衣を脱ぎ捨て、
拘束なき、制限なき、誕生なき、死なき世界へと飛翔する。

そこは栄光の世界、至福の世界、光明燦然と光り輝く世界。

宇宙そのもの、空そのもの、光そのもの、宇宙神の世界。

そこに私は在る。

宇宙神の光、究極の真理は、地上にあまねく降り注ぐ。

どんな自分であろうとも、いかなる人であろうとも、本来〝我即神也、人類即神也〟そのものである。

〝我即神也〟の私は消えてゆく姿の私と決して同一化しない。

常に厳然と切り離されている。

〝我即神也〟の私は鑑賞者として、消えてゆく姿の私を見守っている。

そしてすべての苦悩から、無限の解放を体験させているのである。

この、あるものに同一化するとは、またはある状況に同一化するとは、自分がそのもの、その状況になりきることとです。人は消えてゆく姿の現象そのものに決して同一化してはならないのです。人が同一化する唯一なるものは神なのです。神そのものになることであります。

過去の把(とら)われから離れたところに真の幸福がある

このように、人類すべて一人残らず、いずれはあちらの世界(神界)とこちらの世界(物質界)の結界を超え、自由自在なる世界にゆきつくのです。人類はもうこちらの世界の何ものとも同一化しなくなるのです。

人類は皆、一人残らず神界から今生に降下した魂なのです。人類の本来の地は、物質界ではなく、すべて一人残らず神界にあるのです。この究極の真理は急速に世界人類に波及しつつあります。

人類すべてが究極の真理を理解するならば、私たちの人生に苦悩が絶えないのは、幸福を達成しようとする努力が足りないからではないということが即、判るでしょう。

自分の欲するもの、自分の想いが達成され、充たされたところに幸福があるという、過去の把われから離れたところにこそ、真の幸福があるのです。

生と死、幸と不幸、楽と苦という二元対立は、私たちの迷妄によって生み出された価値観に過ぎないのです。本来、この三次元世界も、この二元対立を超えた、大調和し燦然と輝く平安の中にあるのです。

自分の想いが充たされることを幸福と考え、充たされなければ不幸と考えるのは間違っています。このような考え方からは決して真の幸福は訪れません。一時は自分の願望や欲望が充たされ幸福感に浸っても、やがては、その幸福も去っていってしまうものです。この世の二元対立を超えたところに永遠に失われぬ平安が存在しているのです。

人類は真理が解らぬため、自らが不幸を生み出す生き方を止められないのです。過去からの迷いを繰り返し、そこから脱け出す方法が解らないのです。人類はもうそろそろ、そのことに気づいてもよいのであります。

人類一人一人は欠けたるもの、不調和なるもの、不完全なるもの、非真理なるものに同一化することによって初めて、その現象が現われてくることを心より知らなければなりません。

（2003年9月）

（注7） 守護霊は祖先の悟った霊で、正守護霊と副守護霊がいます。正守護霊は、一人の肉体人間に専属し、その主運を指導しています。副守護霊は仕事についての指導を受け持っています。守護神は、その上位にあって、各守護霊に力を添えています。

（注8） 人類即神也の真理を表わしたものに、人類即神也の宣言文があります。巻末参照。

自らを尊び敬う

自らを敬う心が芽生えた時こそ高次元意識へと昇るチャンス

自らの意識が徐々に真理に目覚めはじめ、自らをさらに高次元意識へと高め上げたいと欲する時、自らの内より突如、自らの本質に深く関わる真理が直観として現われ始めるものです。

そして、自らの行く手で、常に自分を見守り、導きつづけておられる、崇高な光のみ姿、守護霊、守護神と相まみえるのです。その壮麗さ、神々しさ(こうごう)は、到底筆舌に尽くしがたいものです。

この守護霊、守護神と相まみえ、一体化してゆくためには、光明(こうみょう)思想に徹し、祈り、印を組み、マンダラ(注9)を描きつづけ、自己を限りなく浄化することです。

そして、自らの意識を無意識の状態から完全に意識的な状態へと変化させてゆくことです。

往々にして、人々の語ること、想うこと、行為することは、否定的な習慣により繰り返されている場合が多いのです。それ故、自分の前に生ずる種々さまざまなことを、無意識のうちに否定的に処理してしまっているのです。

これでは、たとえ真理を知っていようと、それが行為に現わされていないので、自らの運命は改善されません。

人間にとって一番大切なことは、自らに対して尊敬の念を育くんでゆくことです。自分自身を尊く大切なものと思い、扱わなければ、日常生活のやることなすことが、すべて惰性的でおざなりになってしまうからです。

自分自身に対して尊敬の心が芽生え始めた時こそ、高次元意識へと昇ってゆくチャンスなのです。

その時、改めて自らの語る言葉、発する想念、現わす行為の一つ一つを厳粛に受け止められるようになり、自らが自らに責任を取れるようになるのです。

このようにして、人間は無意識の状態から意識的な状態へと脱け出すことによって、自らの人生も大きく変わってゆくのです。

人は自ら発する想念のとおり周りから扱われる

人は決して、自らを奴隷のように人に命令されて動く者、人の目下にある者、自らの意志を主張できない者として扱ってはならないのです。そのように扱えば扱うほど、人間本来の尊厳性は低められ、失われてしまうからです。

人間は誰しも、いかなる環境、いかなる状況にあろうと、神の御前においては完全に平等なのです。決して誰しも、差別されるべき存在ではないのです。

それでもなお、差別されてしまうとするならば、それはその人自身の思考がそうさせているのです。自らが自らを卑しい者、人より劣っている者、能力なき者と思い、扱い、決定を下しているからに他ならないのです。

自らのそうした否定的想念が、無意識のうちに周囲に発せられており、その波動を受け止めた人々が、そのように彼らを扱ってしまうのです。

発展途上国に生まれ、貧困や無教育の状況にある人々であれば、他より蔑視され、奴隷のように扱われようとも不思議はないと思われるかも知れません。

だが、それは違うのです。どんな状況にあろうが、自らの魂の中に、自らの存在を尊ぶ本質的な精神が刻み込まれているならば、彼らはいかなる人々からも、決して不平等に扱われはしません。

すべては内なる意識にかかっているのです。たとえ文明国のような高等教育を受けていなくとも、物質や科学の恩恵に浸っていなくとも、生命の尊厳そのものの本質的なレベルにおいて、差別されたり、蔑視されたりするはずがあるでしょうか。

発展途上国の人や、紛争、戦争により難民として生きざるを得ない人であっても、自らの魂の中に自らを尊び敬う心が厳然と存在し、その心を失うことがなければ、自ずと人々は、その人を敬うものです。

逆に、素晴らしい文明国に育ち、高等教育を身に修め、さまざまな物質の恩恵に浴している人々の中にも、差別され、蔑視され、奴隷のように扱われる人がいます。それは、自らが自らに対して誇りを持たず、自らを卑しく、劣った者として思い、扱っている証（あかし）です。

つまり、差別の原因は、究極的に教育の有無、物質の有無、科学発展の有無、文明の違い、人種、民族、宗教の違いにあるのではないということです。

いかなる国家、民族、人種、宗教に属していようと、いかなる状況、環境にあろうとも、自らの生命を尊び、自らの肉体を慈しみ、自らの性格を愛し、自らの言葉、想念、行為を大切に扱うならば、自らの周囲には光明のヴァイブレーションが放たれ、自らが受け取るものは、愛、尊敬、慈しみのみです。

また、いかなる発展途上国、低開発国にあろうとも、自らの宗教、人種、民族、文化、歴史、芸術に誇りを持ち、自らの本質の尊厳を知る人々は、いかなる環境、状態、状況にあろうが、そのすべてを超えて、愛、尊敬、慈しみのみを受け取るのです。

こういった人々が輝かしきリーダーとなり、人種、民族、宗教にまつわるあらゆる苦悩から、また、貧困、飢餓、難民の問題から多くの人々を救い出すのです。そして、苦難の状況のもとに生まれた人々は、その生涯を通じて、自らを尊び敬うことを学んでゆくのです。

自らを真に尊び敬うことが出来れば、人類はすべての苦悩から、束縛から解放されるのです。

自らを苦しめているものは、自らの想念です。自らを束縛しているものも、自らの想念です。自らを卑しめ、辱め、虐げているものもすべて、自らの想念です。苦悩の原因、束縛の原因は、決して他の人々にあるのではないことを、人類一人一人は心から知らなければなりません。それを学ぶのも人生です。

祈り、印は問題解決を超えて自らを高次元意識に導くもの

その人生の学びの頂点にあるのが、究極の真理〝我即神也〟です。この〝我即神也〟の真髄は、まさに自らの尊厳性を認め、自らの生命を大切に扱い、自らを愛し、慈しみ、赦し、感謝しつづけてゆくところにあります。

ただし、〝我即神也〟の究極の真理を知っていても、それを深く理解した上で、自らの言葉、想念、行為に現わしつづけなければ、意味はないのです。知識で知ることと、魂で理解し、実行に移すこととは雲泥の差があります。

その究極の真理〝我即神也〟を現わしてゆくことを、日常生活の中で少しずつノルマとして自分に課して、自らを尊敬し、愛せるような人になっていただきたい。

この日々の小さな作業こそが、遂には自らを徹底した光明思想家に為さしめるのです。

その小さな作業なくして、絶対なる光明思想家はあり得ないといっても過言ではありませ

ん。

自らの貴重な時間を費やし、マンダラをどんなに多く描こうが、我即神也、人類即神也の印をどんなに多く組もうが、消えてゆく姿で世界平和の祈りを毎日限りなく行じようが、日々の生活において、いかなる事情、状況、状態に立たされようとも、徹底した愛と慈しみと赦しと感謝の念が常に湧き起こってこなければ、未だ本物とは言えません。

逆に、今、自らの置かれている状況や状態がいかに苦しみや困難の中にあってさえも、かつまた、祈りや印を行なう回数が僅かであろうとも、常に自分や他の人々に対して愛と慈しみと赦しと感謝の念が尽きることなく溢れ出ている人は、本物と言えます。

本質的に、祈りや印、そしてマンダラは、今の自分が置かれている苦境を回避するための直接的解決策ではないのです。（実際に直接的解決策として役立っているのも事実ですが……）

祈りや印やマンダラは、単に自らの苦悩、苦境という状況を回避するためのものではありません。たとえ最悪の状態にあっても、決して慌てず、騒がず、恐れず、逃げず、すべてを受容し、自らの内より厳然と湧き出ずる叡智、能力、直観により、かつまた、我即神也を信ずるその強い光明思想により、それらの苦悩や苦境、困難に立ち向かってゆき、見事に永遠の解放へと自らを導いてゆくためのものであります。

自分の前に現われては消えてゆく前生の因縁のカルマをその都度消すために、祈り、印を組むことは、祈りもせず、印も組まないよりはずっと素晴らしいことには違いありません。だが、究極的にはそのために祈りや印があるのではないのです。

祈りや印は、問題解決策ではなく、自らを〝我即神也〟そのものに至らせるためのものです。自らを輝かし、自らを尊び、敬い、愛し、慈しみ、また自らに感謝するための方法なのです。

その証拠に、〝我即神也〟〝人類即神也〟の宣言文[注10]を改めて読み返していただきたい。自らそのものを、そして人類そのものを、崇高なるものとして扱っています。

祈りや印を、その都度の問題解決策とのみ考えるならば、自らの意識レベルが、未だその問題そのものに把われ、集中したままであるので、なかなかそれ以上の高次元意識レベルには到達しません。

祈りや印を組むことによって、問題が解決される方向に向かうことは確かです。だが、究極的には、それらの問題を超え、自らを高次元意識へと飛翔させ、自らの天命完うへと自らが導いてゆくことこそが真髄なのです。

五井先生は深い意図により、消えてゆく姿で世界平和の祈りを提唱されました。

いかなる現象(こと)が自分の目の前に現われようとも、それは自らの前生における過去の因縁が今、人、物、事柄を通して消えてゆこうとする姿なのです。故に、いかなることが現われようとも、決して恐れることなく、ただただ、その問題が限りなくスムーズに解決されるよう、守護霊、守護神に感謝し、そして願いをすべて祈りに託し、それも自分の願望成就のみに祈りを捧げるのではなく、究極的には、世界人類の幸せと、平和のために祈りを捧げるように説かれたのです。

この五井先生の深くとてつもなく慈愛に満ちた、慈悲心に溢れた愛と赦しの真理は、当時の我々の苦悩をどれほど救ったか計り知れません。五井先生は、当時の我々の意識レベルを鑑み、真理を小出しにしてくださっておられたのです。

当時の五井先生のみ心を、誰も計り知ることは出来ませんでした。究極の真理を大上段に説かれたのでは、誰もがついてゆけず、みな悲嘆に暮れ、苦悩や苦境から救われる者はいなかったでしょう。五井先生は、自らの生命を賭して人類のカルマを背負い、かつまた我々一人一人の前生の因縁のほとんどを肩代わりしてくださり、その代わり、いかなる時も必ず世界平和の祈りを祈ることを提唱されたのです。

いつまでも当時のままの我々であっては、五井先生が本来目指された世界人類救済へのご意志には至りません。いつまでも我々の意識レベルが問題解決のためだけの祈りに止(とど)まっているならば、そこから上昇してはゆかないからです。

そのため、五井先生は、自らの肉体に人類の業想念を背負われ、ご帰神（逝去）されたのです。そして神界にて、私を通して究極の真理〝我即神也〟を降ろされたのです。そして、我々は五井先生の大いなる計画のもと、ついに高次元意識レベルへと達したのです。

いかなる人も高次元意識に到達できる

いかなる人も、より高次元の意識世界（＝我即神也）にまで認識を拡げる能力を備えています。だが、そのことを意識するかしないかによって、変わってきます。

何事においても意識して生きるならば、自らの無限なる能力はどんどん開発され、かつて多くの聖者や賢者が語っていた崇高な真理が実によく理解されてくるのです。

かつまた、多くの聖者や賢者が体験したことすらも、少しずつではあるが、実際に経験することが可能になってくるのです。

この自分の中に秘められた能力を目覚めさせるためには、人類の誕生以来、常に存在しつづけていた究極の真理（我即神也）を思い出すよう努めることが大変重要なのです。

究極の真理を真剣に行ずる人は、自らをどんどん磨き高め上げ、遂にはすべての消えてゆく姿を超えてしまいます。そして、今生において肉体を持ったまま、何ら不幸や苦悩や災いや病気などが生じない、輝かしい人生へと飛翔してゆくのです。これは真理を行じてゆく人の一番の恩寵でしょう。

究極の真理を極めるにあたっては、昔のように物質生活がシンプルだった時代のほうが遥かに霊的、神的向上も容易に達成されました。しかし、今日のように、誰も彼もが文明文化の恩恵にどっぷりと浸り、物質の豊かさに甘んじて生きてしまっているその中にあって、一人真理を探求するのはなかなか難しいのです。

かつて、彼らのすぐ周りには、際立った聖者や賢者の存在がありました。そのため人々は、その崇高な生き方に触発されて真理を極めたものですが、現在周りを見回してみても、聖なる対象となる人はほとんどおらず、実に残念なことです。

今や、私たちの心の中からは尊敬、崇拝、讃仰などの念が失われ、日常生活の中で聖なるものへの憧憬が起こり得ることは稀です。

しかし、そういう環境の中にあっても、自らを磨き高め上げ、魂をレベルアップしてゆこうとする人は、大した人物です。

他人を裁く時、自らの崇高なる部分は奪われてゆく

現在、多くの人々は、他の人を讃美し、尊敬する代わりに、常に人の弱点や失敗を非難したり、批判している始末です。

他の人の弱点や失敗、能力や外面的なものに対して非難や批判をし、裁きを下す時、その人は自分の中の崇高な部分を自らの手で削ぎ落とし、奪い去ってしまっているのです。

なぜ人は、愛と尊敬と感謝の心をもって接し、素直に他の人の長所を誉め称えようとしないのでしょうか。そしてなぜ、他の人の欠点や失敗や能力の差を挙げ連ね、それを非難や批判の対象としてしまうのでしょうか。

それは、人はみな常に自分自身そのものを尊敬の念で見てもらいたいし、接してもらいたいからです。だが、自分自身の中に崇高にして聖なるものを見出すことが出来ません。それなのに、他の人の長所や聖なる部分を認めることは、自らを空しくするばかりです。そのために、逆に相手の欠点や弱点を掘り起こしては、批判や非難の対象としているのです。他を蹴落とすことによって、自らの心を安心させているのです。

こういった人々は、他を蹴落とすたびに、自らの徳や崇高な部分を自分自身の手で奪い去ってしまっているのです。

そのことに、人々は大いに注意しなければなりません。どんな理由であれ、人を非難、批判の対象とする時、自らの聖なる崇高なる部分は、そのたびに自らの言葉、想念、行為によってどんどん奪われ、自らのレベルを貶(おとし)めているのです。

逆に、明らかに相手が失敗したり、弱点を持っていても、なおその人の長所を見出し、愛し、尊敬の念をもって接する時、自分自身の聖なる崇高なる部分はその都度高め上げられてゆくのです。

故に、人はどんな時においても、批判的な判断を控えることが大事なのです。仮に批判したり、非難したり、人の欠点を見たりした時、無限なる愛、無限なる赦し、無限なる感謝といった光明思想の言葉(注11)によって打ち消してゆけば、自らの聖なる部分は奪われることはありません。

そして人はどんな時においても、あらゆる事柄の優れた部分に繰り返し注意を向けることにより、その態度がどれほど大きな力となって、自らの崇高な部分を高め上げ、広げ、深めるか計り知れないのです。

そのためにも、まず自らの長所を見てゆくこと、欠点はすべて消えてゆく姿にしてゆくことが大事です。たとえ自分がいかなる欠点を持っていようとも、それに決して把われず、素直に無邪気に明るく生きることが大事です。

自分の中の弱点、欠点などは、誰もが同じように抱いているものなのであって、事実、遺伝子研究では、人間一人一人の差は〇・一パーセント以内であると言われています。その自らの劣る部分に一生目を向けて生きることは、愚かしいことです。

そのためにも人類は、真理の探求が必要なのです。

ありのままの自分を示せば人生は変わる

人はみな、自己変革によってのみ、自らの人生をよき方向へと導いてゆけるのです。人生は、決して他によって変えられるものではないことを、よくよく知るべきです。

自らの人生をよきほうへと変えたいと思うならば、まず自らの心を変えるよう努力し、試みなければなりません。なぜ自分が今、苦悩多き運命を辿っているのかを、まずは自らの心を通して、注意深く見てゆくことが大切です。

自らの人生を苦悩へと導いているのは、他でもない自分自身の心であることに気づくべきなのです。それは、自らを愛することが出来ず、自らを赦すことが出来ず、自らを尊ぶことが出来ないところから発していることに……。

自分に対して確固たる自信がないために、何をするにも周りの人の目が気になり、ビクビク、オドオドと生きているのです。

そのくせ、決してその自分の器の小ささを人に知られたくなく、また人にそう思われたくなく、必要以上に威張ってみせたり、誇張してみせたり、出来そうにないことを出来るように思わせたりするのです。そしてさらには、嘘をついたり、ハッタリを効かせたりして、自分の内面を隠そうとするのです。

しかし、そうすればそうするほど、自分が苦しくみじめになるばかりです。周りの人々にとっては、本人がどう仮面をかぶり、偽ろうが、全く関係のない一人芝居も甚だしいのです。

だが当人はそれに気づかず、こうして常に日常生活において一人芝居を繰り広げているのですが、それが積もり積もると、ついには爆発してしまうのです。その結果、現実には病気、事故、家庭不和、離婚……などの現象となって、自分の一人芝居の結果を見せられるのです。

人間はもっと自分に対して正直に生きるべきです。もっともっと素直に、ありのままの自分を示すべきです。自分自身を必要以上に誇張しないことです。そうすることによって、自然体に生きてゆくことが出来るのです。

人間、置かれた場にて、ただ在るがままに生きることがコツです。自分自身を偽ることほど辛く苦しいものはないのです。

自分を正しく見ることが出来ず、正しく評価できないのは、自分自身に自信がなく、自分を見下している証拠です。自分を敬い、尊ぶことが出来ないのです。常に自分に劣等感を抱いて生きている人です。

こういう人こそ、真理の探求が必要なのです。自分自身を敬い、尊ぶことが出来ない人は、自分で自分のしたことに対して責任を取れない人でもあります。

自らを敬い、尊ぶ人は、決していかなることをも他に責任転嫁をしません。逆に、他の人の失敗や汚点すらも、自らがすべて引っ被って責任を負うほどの度量の持ち主です。それは、自分を実際以上に評価せず、正直に在るがままの自分を示しているからこそ出来るのです。

真理に目覚めている人とは、こういう人たちのことです。自らの前生の因縁の消えてゆく姿とは別に、本心は光り輝いているもの、無限なるもの、我即神也ということを理解しているからこそ出来る行為なのです。

互いに裁き合っているうちは、世界に平和は訪れない

人類すべてが自分を敬い、尊び、かつまた他のすべて一切のものを敬い、尊び合ったら、地球は自然に調和に満ちた、平和な世界へと導かれてゆくのです。

そうした平和な世界を築いてゆくためには、くどいようだが、決して自分自身に対して批判や非難、裁きを下さないことです。すべてを消えてゆく姿で世界平和の祈りに投げ入れることです。

それが完全に出来た人は、人に対しても決して批判や非難、裁きなどをしない人です。これは絶対です。そして自らを愛し、慈しむ人でもあります。

人に対して非難や批判、裁きを下せば下すほど、自らの品性は卑しくなり、自らの徳は奪われ、自らの無限なる能力は低下し、自らの運命は悪くなってゆくのです。

そのことが心から深く理解されれば、人を批判し、非難し、裁くことの愚かしさが身にしみて判るはずです。

まずは自分の家庭の中から見直していただきたい。自分は夫や妻、両親や姑(しゅうとめ)、そして子供たちに批判や非難、裁きを下していないかを……。

いかに自分が人のため、世のために尽くしていると思い、いかに立派なバックグラウンドやキャリアがあり、そしていかに富や地位や権力があろうとも、肝心の自分の家族や周りの人たちに対して不平や不満を抱き、酷評しつづけているならば、いつか必ずすべてを失うことになるでしょう。

また、自らに何のバックグラウンドやキャリアや目立った能力はなくとも、人を敬い、尊び、感謝しつづけているならば、その行為は大きな大きな徳となって自らの背後にどんどん積まれてゆくことでしょう。

人を批判し、裁く権利など誰も持ってはいません。決して誰にも与えられてはいません。神さえも決してなさらない。それなのに、なぜ同じ人間同士で批判し合っているのでしょうか。神でさえなさらないことを人間がして赦されるはずがあるでしょうか。

決してないのです。その原点を改めて人間は知るべきです。

世の中は未だ低次元レベルを超えていないので、多くの人々が新聞や雑誌、ラジオ、テレビなどのマスコミを通して、堂々と他を攻撃し、非難し、酷評し、裁き合っています。

しかも、誰もそれを悪いとは思ってはいません。却って、論理的にお互いを非難し、攻撃し、裁くことが知的レベルの高いやり方であり、有能な人としてまかり通っているのです。

こんなことを繰り返していて、世界が紛争、戦争、宗教・人種・民族の対立から救われるはずがありましょうか。それらは、難しい言葉の羅列、知的刺激のみであって、そこには何の愛も赦しも慈しみもありません。

二十世紀までの習慣をなおも引きずり、お互いがお互いを非難し、批判し、酷評し、裁き合っていたのでは、永遠に平和は訪れはしません。

あらゆる事柄の中に、優れた部分を見出してゆく

人類一人一人は今こそ心して自らを鍛え、真理の学びの場に自らを導く方向へと心を転換してゆかねばなりません。

人類一人一人が、いかなることがあっても決して他を批判し、裁かなくなった時、そしてそれを赦し、愛や慈しみに昇華してゆく時、そこに初めて平和が訪れるのです。

今現在、自分がどのような状況、環境の場にあろうとも、あらゆる事柄の中に優れた部分のみを見出し、そこにのみ注意を向け、そこにのみ意識を集中してゆくことです。

そして一切の不平不満、非難、批判、裁きを控えるのです。それだけでよいのです。それのみでよいのです。

そのことが徐々に出来るようになることによって、また出来たという達成感によって、初めて自らが自らを畏敬の念をもって見ることが出来るのです。

自分の意識の中に根深くはびこっていた不遜の念や不可能な想いや軽蔑する心は、そういった毎日の一歩一歩の光明思想の実践により、知らないうちに徐々に消え去っていってしまうものです。

なぜ自分の心に人を軽蔑したり、批判したり、裁くような想いが芽生えるのでしょうか。そのことに特に光をあててみれば、自ずと自分のことが判断できるはずです。劣等感の裏の優越感を……。

人類すべてが、尊敬と讃美と感謝の言葉、想念、行為で世界を充たしてゆくならば、世界はすぐにも平和になってゆくのであります。

（２００４年２月）

（注9） マンダラには、宇宙神マンダラ、地球世界感謝マンダラ、光明思想マンダラがあります。マンダラは、宇宙のエネルギーの発信源です。マンダラを描くことによって、自分の希望する人生が創造できます。また、人類に真理の目覚めを促し、地球の大自然、生きとし生けるものをよみがえらせることが出来ます。

マンダラは、白光真宏会のホームページ（http://www.byakko.or.jp）でご覧いただけます。

（注10） 巻末の「我即神也の宣言文」「人類即神也の宣言文」参照。

（注11） 巻末の「光明思想の言葉」参照。

愛の表現

人はみな愛を表現するために生まれてきた

人類すべて一人残らず、自らが愛を表現するために生まれてきているのです。愛こそがすべてです。

あなたは今、愛を表現していますか？　自分自身に、家族に、友人知人に、社会に、人類に……、そして動物に、植物に、昆虫に……、さらには水に、太陽に、大地に、空気に、山に、海に……。

自らの内に無限に埋蔵している愛のエネルギーをどれだけ外に放出していますか？

愛はいくら表現しつづけても決して減るものでもなければ、心身ともに疲れ果てるものでもありません。表現すればするほど、無尽蔵に内より溢れ出てくる、迸る（ほとばしる）生命エネルギーなのです。

愛をうまく表現できない人は、自らの生命力も決して活発ではありません。

あなたは愛を表現するために今生（こんじょう）に生まれてきたのです。自らの愛を、自分の子供たちのために、配偶者のために、両親や祖父母のために、舅（しゅうと）や姑（しゅうとめ）のために、そして多くの人々のために、一杯、一杯表現してゆくため、今自分がここに存在しているのです。自分を含め、周りの誰もが幸せになってゆくために生まれてきているのです。

愛の表現は、決して難しいことではありません。自分を心から愛そう、そして人々を心から愛したいと、ただそう思うだけで愛は湧き上がります。かつまた、心から愛を表現しつづけてゆくならば、あなたを侵す人もいなければ、自分が失う何ものもないのです。

消えてゆく姿で世界平和の祈り、我即神也・人類即神也の宣言文と印、[注12]宇宙神マンダラ、[注13]光明思想徹底行、[注14]地球世界感謝行……これらはすべて愛の表現そのものです。これらを為しつづける人はまさに愛の人そのものなのです。

人は愛のみを表現しつづけていれば、決して恐れるものなどありません。自分に恐れるものがなければ、自分が望むこと、願うこと、欲することはすべて必ず成就するものなのです。それが法則なのです。真理そのものなのです。

なぜならば、人は恐れという否定的想念エネルギーによって、自分の人生の前途を自らが断ってしまうからです。

あなたは、自分の前に立ちはだかる敵を征服する必要はありません。

あなたは、自分の愛する人たちのことを心配し、悩む必要もありません。

あなたは、自分の人生を悲観し、憂える必要もありません。

あなたは、自分の欠点のみを把え、落胆し、絶望し、悔いる必要もないのです。

特に、自分に対して自己嫌悪さえも抱く必要はありません。

敵意も嫉妬も不平不満も憤りも怒りも憎しみもすべて愛に還元し、愛を表現してゆくことこそ尊いのです。

なぜならば、愛は人間の心の中に無限に存在する迸(ほとばし)る生命エネルギーそのものだからです。

憤りを、怒りを、悲しみを、失望を、恨みを、妬みを抱きつづけ、自らをいつまでもその否定的感情想念の虜(とりこ)にさせたままにしておいてはなりません。否定的感情想念の奴隷のままにさせておいてはなりません。その瞬間にこそ、思いきって愛を表現するよう心掛け、即、言動に表わすことが必要です。

否定的感情想念は無意識の習慣から生じる

では一体、憤りや怒り、妬みや恨み……などの感情想念をどのように即、愛の形に表現し得るのでしょうか。

憤りはまず、自分が否定されたり無視されたり、あるいは差別や軽蔑されることにより、自らの内よりムラムラと生じてくる暗黒の否定的想念エネルギーです。このなかなかおさまり止まぬ憤怒の感情想念を即、愛の形に変換したり、愛として表現したりすることは大変難しいことのように思われます。だが、理由や原因が解れば、意外に簡単に誰もが出来るのです。

なかなかそれが出来にくかったのは、人類の大半が真理が解らぬまま、ただ習慣や惰性に流されてしまっていたからに過ぎません。

そもそも憤り、怒り、悲しみ、苦しみ、恨み、妬み、不平不満、敗北感などといった感情想念は、他からの何らかの原因、あるいは何らかの誘因が自分の心に作用することによって生ずるものです。

また、幸せ、喜び、平安、感謝、満足などといった感情想念もまた、全く同じ働きです。

要するに、自分の心の内より湧き起こるすべての感情は、それがたとえプラス思考であれマイナス思考であれ、積極的働きであれ消極的働きであれ、善想念であれ悪想念であれ、すべて生命エネルギーそのものの形が変わったものです。生命エネルギーが感情想念エネルギーに変換されたものです。

その感情想念エネルギーは大きく分けて二つあります。一つはプラス思考に働き、もう一つはマイナス思考に働きます。そしてその原因や誘因、理由などにより、無意識に変換されます。

特に真理や宇宙の法則を知らない人などは、まさに無意識に生命エネルギーが否定的想念エネルギーに即、変換されます。

これは、長い間の悪い習慣であって、自分の心であっても自分ではどうすることも出来ません。自分の目覚めた意識で思考し、理解し、判断し、選択し、決断する前に、すでに自らの生命エネルギーが瞬間的に感情想念へと変換されてしまいます。しかもプラス思考よりもマイナスの感情想念のほうにはるかに多く変換されてしまいます。

それは何故か。本人が自らの意識そのものを把握できていない、理解していないからです。要するに自らの心そのものをコントロールできないためです。まさに本能そのものに動かされてしまっているのです。

いかにたくさんの知識を貯えても自らの感情想念をコントロールすることは難しいのです。万巻の書物を読みあさってみても、自らの心を理解し、把握することは難しいのです。知識ではありません。博識でもありません。自らの心をコントロールできる人とは、真理に目覚めた人以外にはないのです。

ある物事や状態、状況、事柄などを引き起こす元になる何らかの要因、誘因により、自らの心が無意識に保身へと働き出します。自分の身を守るため、自分の身の安全のため、自分が傷つかぬよう、痛まぬよう、苦しまぬよう、悲しまぬよう、生命エネルギーが感情想念となって迸り出ます。

差別、無視、蔑視など、他より発せられたマイナスの言葉、想念、行為から身を守るため、即こちらもそれに対抗する怒り、憤り、嫉妬や悲しみ、苦しみ、悩みの感情想念をもって、相手を攻撃するのです。

自分の発したこれらの感情想念は、無意識に発せられたものであって、決して意識的ではありません。意識的ではないために、これらの否定的感情想念は、自分はもちろんのこと、相手の否定的感情想念をも巻き込み、相乗効果を生み、自分も相手もともに痛み、傷つき、滅んでゆくのです。

真理を知る人は意識的に愛の表現を行なう

この時、真理に目覚めている人たちは、無意識に否定的言葉や想念を発したり、行動したりしません。真理を知ることにより、すでに自らの感情想念の消し方、受容の仕方を知っています。

真理に目覚めている人たちは、無意識的な生き方をしません。いつも意識的です。相手の発したマイナスの言葉、感情、行為に決して巻き込まれません。いつも真理に照らし合わせて生きているため、瞬間瞬間が祈りであり、直観であり、叡智であるため、自らを保身する必要がありません。要するに、自我（エゴ）がないのです。

そのため、決して保身のために生きることはありません。常に相手の立場に立って生きています。相手より自分に発せられたいかなる否定的感情想念、怒りであれ、憤りであれ、差別であれ、無視であれ、蔑視であれ、それらを自らの心で無意識に受け止め、無意識に自らの生命エネルギーを否定的感情想念に変換することはしません。却って、相手のいかなる否定的感情想念、言葉、行為に対してさえも、瞬間、意識的に受容し、逆に自らの生命エネルギーを愛という感情想念で表現してゆくのです。

愛という表現の形は、赦しであり、受容であり、感謝であり、謝罪であり、思いやりです。相手のいかなる激昂した感情想念や言葉や行為に対してさえも、瞬間、意識的に目覚めていれば、内にある生命エネルギーをプラスの感情、言葉、行為に変換して表現することが可能なのです。

他より自分に向けられた否定的な言葉、想念、行為。例えば、

〝こんなことも出来ないのか。全く信じられん。よっぽど成績が悪かったに違いない〟

〝お前がこんなにも馬鹿とは知らなかった〟

〝どうしてそんな鈍感なのか。それでよくここまでやって来られたね〟

〝小学生の知能しか備えてないではないのか。今まで何をしてきたのだ〟

〝そんなにブスとは思わなかった。ブスの上に能力もないとは……何一つ取り柄がないではないか〟

その他、数々の罵詈雑言(ばりぞうごん)——のろま、あほ、とんま、馬鹿、間抜け、汚らわしい、醜い、

憎たらしい、嘘つき、等。

こういう言葉や想念や行為などが直接自分に向けられた時、即、自分の反応はむかつく、馬鹿にするな、今に見ていろ、お前だってそうではないか、汚い、最低だ、憎たらしい奴だ、赦せない、必ず仕返ししてやる……などといった言葉や想念や態度となり、無意識に相手にやり返します。

すると相手はさらに激昂し、まだ判らないのか、こんなに下手（したて）に出て優しく言っているのに……と、なおのこと憤りや怒り、不平不満のテンションが高まり、言いつのります。するとこちらもまた、負けてはいない。さらに言い返します。

この双方のやり取りは、お互いが傷つき、痛み、疲れ果てるのみです。

そこで真理に目覚めている人たちは、他人からそういう言葉、想念、行為が直接自分に向けられても、即〝ああ、これは自分の過去の因縁の消えてゆく姿だ。自分の過去の因縁がこういう形となって、その相手を通して消していただいているのだ。何と有り難いことだ。これで消えたのだ。これから必ずよい方向に行く。自分の運命も人生も、もっともっとよくなる〟と思い、〝世界人類が平和でありますように〟と祈りの中に入れ込み、かつまた我即神也・人類即神也の宣言文を唱え、印を組みます。そして、相手の嫌な感情想念も、また自分も負けじとばかり相手に浴びせかけようと目論んだ言葉、想念、行為もすべてはこの〝世界人類が平和でありますように〟の祈りの中に、印の大光明の中に投げ入れられ、消えていってしまうのです。

愛の表現はすべてを解決する鍵

このプロセスを何十回、何百回、何千回、何万回と踏むにつれ、自分の意識はどんどんレベルアップされ、ついには相手も、自分に対するいかなる否定的言葉、想念、行為を浴びせなくなってしまうのです。

自分の意識が高まれば高まるほど、究極の真理に目覚めれば目覚めるほど、相手が自分に向けて発するいかなる言葉、想念、行為もすべてはまず自分の心から発していたことに気づくのです。

自分の心からそういう否定的言葉、想念、行為が全く発せられなくなり、光明そのもの、平安そのもの、調和そのもの、思いやりそのもの、愛そのもの、赦しそのもの、感謝そのものの心となれば、自然に他からの誘因は無くなります。

すべての原因は自分にあります。故に、自分を知ることが一番大切なことなのです。

要は、すべての原因は他ではない。自分そのものにあるという真実を知ることです。だが、いかなる苦しい状況、辛い環境、困難な状態に自らがあろうとも、決して自分を責め裁いてはなりません。自分を痛め傷つけてもなりません。自分を呪い、恨むことをもしてはならないのです。ましてや自己の能力を否定したり、自己の存在を打ち消したり、自己の生命を粗末に扱うことは、とんでもない間違いです。

自分が他と比べていかに不幸でみじめで苦しく絶望的な状況にあろうとも、それは自分の能力の如何によるものでもなければ、自分の存在の有無に起因することでもなければ、自分自身の罪でもないのです。

これらの状況は、一切すべて過去世から現在に至るまでの誤てる想念の消えてゆく姿です。本来の自分は我即神也そのものなのです。そういう真理に行き着くまで自らの体験を経て学んでゆくのです。そしてついに、究極の真理に出会えるほどの意識の高さに昇りつめてゆくのです。

私が語る愛の表現とは、こういうことです。

愛の表現とは、攻撃ではなく受容であり、責めではなく赦しであり、非難ではなく賞賛であり、争いではなく調和です。

愛を表現できないと思い込み、その幻想を信じている人は哀れな人です。愛をどのように表現してよいか知らない人も不幸な人です。

愛の表現は教えられて出来るものではありません。学んで行なうものでもありません。自らの内より溢れ出るものでなければなりません。愛とは、生命エネルギーそのものです。出来ない、無理、駄目……という誤てる信念による可能性の否定は、すべて自らがつくり出してきたものです。人は皆、自らが強く信ずるものすべてをつくり出します。出来ない、駄目だ、無理だという信念こそが、自らの輝かしい人生の未来の扉を閉ざしているのです。自らが信ずれば必ず得られるものを、そして出来るものを、自らの不信の念で取り逃がしてしまっているのです。

結局は、自分たちの思考の力が自分にとっての現実をつくり出していっているのです。私たちは、自分が信じているだけの大きさ、強さで生きているのです。

自分の前に大きく立ちふさがる厳しい現実に打ちのめされては駄目なのです。退いても何もなりません。ましてや、逃避することはもっての他(ほか)であります。

いかなる現実も状況も、愛を表現することによって乗り越えられます。愛の表現はすべてを解決する鍵です。

いかなる難題も困難も争いも、自分が愛を表現することによってのみ解決してゆくのです。癒されてゆくのです。そして真実の答えが見出されてゆくのです。争いも、病も、貧困も、挫折も、失敗も、暴力も、子育ての問題も、そのすべては自らの一歩を踏み出す、積極的な愛の表現によって解決を見出せるのです。

すべては自分の信念次第

だがしかし、多くの人々は自分の尊い人生を、今、自分が信じている小さな信で、他人の信で、偏った信で、誤った信で歩んでいるのです。そして、自分がすでに信じ切っていることを信じつづけたいがために、その理由づけを見つけ出そうとするのです。

これは誤った信にさらに追い討ちをかける信念です。自らの信を全くの別の方向から見直すのではなく、また、真理に照らし合わせて見つめ直そうとするものでもありません。すでに長い間にわたって固く信じ切ってしまっている固定的な信念を決して変えようとしないのです。

それは、それが正しいからではなく、その人がそう固く信じているからなのです。嘘も真実だと思い、固く信じつづければ自分にとっては真実となります。

例えばその人が癌でもないのに癌だと思い込み、固く信じることによって、ついにはその人が本当に信じた通りの癌が発生します。思い込みというものは、このように、間違った信念を確信を持って貫き通すことに他なりません。

多くの人々は自らの誤った信念によって、自らの尊い人生を誤ったり、失敗したり、絶望に陥ったりします。

これからもし仮に、生物兵器や化学兵器が使われ出し、空気中に毒ガスやコレラ、チフス菌が散乱し、同じ地域の人々が皆それらのガスや菌に侵され、苦しみ、死んだとします。そして、後で死んだ人々を検死した場合、実際に毒ガスやコレラ、チフス菌に侵され死んだ人々に加え、全くそれらのガスや菌に侵されないにもかかわらず、同じ症状、同じ苦悩の中で死んだ人々もいるのです。

それは、自らの信ずる誤った信念により、自分もまた皆と同じように毒ガスやチフス、コレラ菌に侵されたのだという固い信念のため、自らが信ずる通りの症状、苦しみ、痛みを想像し、それを創造してゆくのです。そしてついには死をも自らの信ずる意志でつくり出していってしまうのです。それほど信ずる力、心、念とは思いもよらぬ偉力を発揮するのです。

真理に目覚めた人はそれとは全く逆に、たとえ菌に侵されたとしても、自らの生命は宇宙神の光の一筋であり、本来、我即神也そのもので光り輝いているものであると固く信じ、印を組みつづけているので、自らの心まで侵されることはありません。この絶対なる強い信念により、死ぬべき症状さえもついには回復し、見事に自らの信ずる通りに我即神也の道に導かれてゆくのです。

このように、誤った想像、幻影は、真実と同じくらい強い効果を発揮してゆくのです。しかし、真実は、私たちは外界のいかなるものにも決して傷つけられたり、苦しめられたり、侵されたりするものではないということです。

私たちが自分の固く強く信ずる、誤った信念に自らの力を与えない限り、自らの心、魂、肉体は決して誰にも侵されることはありません。侵しているのは自分自身の誤った信念なのです。自分が侵されるように導いているのも自分自身の誤った信念なのです。

自分は病気になるに違いない、自分の老後は淋しい孤独な生活になるに違いない、自分は皆から愛されていないに違いない、自分は能力がないに違いない、自分は何をしても駄目だ、自分はお金がない、一生貧乏に違いない、自分は誰からも信頼されていない……などといった間違った思い込み、誤った信念によって自分の思い込み通りに、信じた通りに自分の人生が導かれ、運ばれてゆくのです。

そうなると、真理を知っている人と知らない人との生き方では雲泥の差があります。

信念、そして思考もまたエネルギーです。このエネルギーは、自分の注意の向くほうに流れます。そして集中します。そして思考は、それと同じものを現実につくり出してゆきます。

人は、自らが神そのもの（無限なる愛、赦し、癒し、幸せ、成功、富……）であると強く固く信ずるならば、自らの信ずる通り、必ずそれは実現してゆきます。

現実は、自らの思考によって、自らの信ずる力によってつくり出されてゆくということです。

故に、癌の末期で、周りの人々から死ぬに違いないと思われていても、自らがいまだ生きる目的が残されている、いまだ自分の天命は終わっていないと、自らの信念を貫くならば、生かされてしまうのです。

かといって、死を恐れることは全くありません。死を喜んで受容できる人は、この世の天命を見事に終えた人と言えます。自らの天命が見事終えたという強い信念によって、見事な死が迎えられるのです。

要するに、人間の信念は自分を病気に至らせることが出来るほど強力なものです。そしてまた、治癒させることも同じように出来るのです。

どちらを選ぶのも、自分の思考次第です。どちらを信ずるのも、自分の思考次第です。思考ほどすごいものはありません。輝かしい人生も、暗黒に閉ざされた人生も、すべてはあなたの思考次第と言えます。ならば、素晴らしい思考を培うためにはどうすればよいのか、もちろん真理を知る以外にないのです。

愛のみの表現を

どんな時でも、いかなる状況においても、いかなる心境にあろうとも、愛の表現をしつづけてゆくことです。愛の表現こそ、自らの運命も世界人類の運命をも大きく変えてゆく原動力です。

日々の生活において、目が覚めた瞬間から、愛の表現をしてゆこうではありませんか。よい行為のみしつづけてゆこうではありませんか。よい想念のみを発してゆこうではありませんか。よい言葉のみを語ってゆこうではありませんか。子供たちに、配偶者に、友人知人に、感謝の言葉と、生きていることの喜びや素晴らしさの表現を。全人類に対して、そして一番大切な自分自身に対しても。

（２００３年１月）

（注12）宇宙神のエネルギーを受信し、人類と地球に発信する働きのあるマンダラ。宇宙神マンダラには、我即神也の言葉と人類即神也の言葉を書いた二種類があります。このマンダラを書くことによって、自分が神であることを思い出すとともに、人類に真理の目覚めを促します。

（注13）日常生活の中で、無限なる愛、無限なる幸せ、無限なる健康……など、無限なる○○という光明思想の言葉を唱え、自己の神性を自覚してゆく行。また、否定的な想いや言葉を発した時に、それを打ち消すための言葉として用いる場合もあります。（例えば、憎しみの想いが出た場合、その反対の〝無限なる愛〟を唱え、打ち消します）

光明思想の言葉は、巻末参照。

（注14）巻末の「地球世界感謝行」参照。

不可能はない

「不可能はない」が世界の新しい潮流に

今日に至るまで、私たちは科学や政治、経済の発展が、私たちの生活水準を向上させ、改善し、より快適にしてくれるものと信じてきました。

中でも、科学分野における人間の遺伝子の解読には、多くの人が期待を寄せていました。科学が進歩すれば、身体を蝕むあらゆる病気は治るであろうと考えたのであります。

確かに、私たちの期待通り、それらの多くは現実のものとなり、私たちは種々さまざまな科学の恩恵にあずかってきました。

そして、二十一世紀に入った今も、人間の果てしなき進化創造のエネルギーは、大小あらゆる規模、分野に及び、ますます活発化し、人類に夢や希望を与えつづけています。そんな中、人類一人一人の意識にも、変化の兆しが現われています。自らの限界を感じながらも、決して不可能であるとは語らず、必ず何らかの解決策があるはずだと、確信をもって乗り越えてゆく人々が現われ始めたのです。

こうした人々は、少しずつではありますが、今後、確実に増えてくるに違いありません。なぜなら、自分の身近な人が、不可能と思えることを可能にしてゆくようになるからです。信念をもって一歩踏み込むことにより、ついには未知なる扉を開けてしまう様子を垣間見るからです。

未知なる分野、体験したことのない分野、限界を超えた分野、そして知り得ない分野に踏み込むには、大変な勇気が要るし、それだけ強い信念を必要とします。

それでも、不可能を乗り越えてゆく人が現われ始めたということは、人類が二十世紀よりも確実に、一歩一歩進化を遂げている証(あかし)なのです。

かつて、人類にとって「不可能はない」ということは、思おうとしても思えない、いわば永遠に手の届かないテーマでした。だが、今日では、人々は限界を感じながらも、その限界に挑戦し、乗り越えようとする意識が強くなってきているのです。

そして、この現象は、徐々に世界的な潮流になり始めています。ポジティブな波動がネガティブな波動を包み込み、光明なるものへと変容させているからです。

その結果、人類は少しずつ「出来ないことはない」ということが事実であると、気づき始めているのです。これは、人類の意識がもたらした成果のうちでも、最大の目覚ましい成果と言えましょう。

時に予想外の出来事が生ずることもありますが、それも人類の進化創造にとって大事なプロセスなのです。人類の前に立ちはだかる大きな壁、大きな障害を、一つ一つ乗り越え、解決してゆくのも、人類の進化創造への道なのです。

脳が活性化すれば限界はなくなる

では、なぜかつての人類は、不可能を可能に出来なかったのでしょうか。それは、人類一人一人が過去より引きずってきた自己限定の意識に起因しています。

「それは絶対に不可能だ」という想いの内部には、自分自身に対する限界の種子が含まれ、育まれているのです。

自らに限界を設けて生きることは、実に愚かな生き方と言えます。そういう人々は、自らの思考や行動の責任を取ることが出来ず、自らの判断で決定を下せません。そのため、占い師や霊能者、易や占星術に頼り、依存してしまうのです。

これでは、自らの無限なる能力は、一向に開発されません。永遠に眠ったままです。

これは、実に惜しいことです。自らの内部には、無限なる能力が厳然と存在するにもかかわらず、無意識のうちに、その能力の上に限界という境界線を引いてしまうのです。

その境界線を引く人と引かない人の違いは、どこにあるのでしょうか。それを解く鍵は、脳の働きにあります。

一般的に、脳は、外から集めたたくさんの情報を編集し、整理し、それぞれの引き出しにしまうと言われています。そして、現実に何か事が起きたら、脳は即、今必要としている情報のパターンを引き出してゆくのです。

そんな中、自らの能力に限界の境界線を引く人というのは、現実に体験したことや、五感に触れる情報のみであらゆることを判断し、解決を計っているのです。

すると、今までに体験のないこと、例えば五感を通して知らないこと――見えないこと、聴かないこと、味わえないこと、嗅げないこと、触れられないことは、すべてが未知なる分野であるから、全く予測不可能となってしまうのです。

そのため、自分の想像を超えた出来事が起きると、途端に不安と恐怖の念にかられ、自らが自らに限界の境界線を引いてしまうのです。

ここまでは自分が知っている、体験している。だが、これ以上のことは全くあずかり知らない分野であるから、無理だと判断してしまいます。その境界線の先に一歩踏み出してゆくことは、考えられないことであるし、出来ないことなのです。

一方、自らに限界を設けることなく、不可能を可能にしてゆく人の場合はどうでしょうか。彼らの脳の働きも一般の人々と全く同じですが、彼らの場合は、自らの五感では体験したことのない事柄に関しても、想像力を働かせ、解決手段の予測を可能にするのです。

彼らは、自らの脳の働きを拡張させ、かつて自分が体験したことのさらに延長線上を想像し、推測し、変化を持たせるのです。それによって、意識は未知なる分野をも受け入れ、不可能を可能にしてしまうのです。

これを何度も繰り返してゆくと、人の意識は、次第に物質科学の領域を超え、宗教や精神世界の領域へと入り込んでゆきます。そして、この宗教や精神世界の領域に、さらに意識を集中させることにより、「出来るのだ」という信念や確信が生まれてくるのです。

すると人は、未知に対する可能性や大いなる目的がはっきり見えるようになるのです。今の自分の現実を超えて、未知なるものが自分の意識の支配下にあるように思えてきます。そのように想像する能力が芽生えてくるのです。

このように、人間の脳は使えば使うほど、たくさんの能力が高まってくるのです。

意識を集中することで五感の能力は高まる

五感の能力――視覚も聴覚も味覚も嗅覚も触覚も使えば使うほど、意識を集中させればさせるほど、その能力は発揮されるのです。

つまり、自らに限界を引き、限界を乗り越えられぬ人々というのはみな、この五感の働きをフル回転させせず、無意識のままに使っているに過ぎないのです。

こういった人たちは、食べる時も、味覚をフルに活用して味わってはいません。テレビを見ながら、人としゃべりながら、無意識に食べていたのでは、真に味を堪能することは出来ません。

聴く時も、決して意識して聴いてはいません。真に耳を澄まし、意識を集中して聴くならば、オーケストラ全体のひびきの中から、たった一人の人が奏でるヴァイオリンの音色まで、はっきり伝わってくるものなのです。

見ることも、嗅ぐことも、触れることも然りです。

だが一般に、人々はただ漠然と、なすがままに、在るがままに任せてしまっています。この場合、五感の能力は、三〇パーセント程度しか働いていない状態であります。

一方、意識を集中させることにより、五感の能力は八〇パーセントにまで高まり、今まで感じたことも、見たことも、聴いたことも、嗅いだことも、触れたこともない領域の波長を体感できるようになるのです。

人間の五感は、ある一定の情報（周波数）を感じ取り、それを脳に伝達しますが、一定の領域を超えたものは、感じても意識にのぼりません。

だが、五感の一つ一つに意識を集中させることによって、人は毒物を嗅ぎ分けたり、遠くの音を聞き分けて異変を察知したり、未だ自分の前に見えてこない人や物を見ることが出来るようになるのです。

ということは、五感を発達させることにより、他の人よりも生き残る可能性が高まるのです。自分の五感を通して自らを守り、次に取るべき行動を決定することが出来るからです。これこそが直観であり、叡智です。

人間の能力には限界がないことを知るべきです。

その明らかな証拠として、人間は極限状態に達すると、本来ならばあり得ないことでも成し遂げてしまうものです。かつて私たちが全く予想も出来なかったことを現実に生じさせてしまうのです。極限状態に立たされることにより、内在する超エネルギーが、急激に迸り出るからです。

このエネルギーは、肉体のあちこちに点在しており、普段は発揮されることはありません。だが、一たび何か事が起きれば、その体中のエネルギーが一瞬にして結集し、超エネルギーと化してしまうのです。

俗に言う〝火事場のバカ力〟といわれる現象などは、その良い例です。動くことも出来ず、長年ベッドから出たことのない末期患者が、自分の力で病院の外に飛び出したという話がありますが、これも今まで眠っていたエネルギーが何かを機に結集し、超エネルギーと化したのです。

これは何も極限状態に限ったことではありません。何か一つの目的に向けて意識を集中させることによって、自分でも思いもよらぬ力が突然に湧き出てきます。こうした可能性は、誰にでも充分にあるのです。

このようにして、人類は少しずつ「自分には限界がない」ということに気づきはじめています。そして、自らの無限なる能力に限界という境界線を引いたのは、他でもない自分自身であることも、理解しはじめるのです。

「変わりたい」という意識があなたを変える

自らが意識を集中させるならば、すべてが可能になるという事実を知り、些細な日常の中から、小さな奇跡を起こしてゆくことにより、人は、自信を得てゆきます。

そして、次第に大きな事柄、難関へと挑戦してゆき、ついには自らの信念により、大きな奇跡を引きつけてゆくのです。あたかもそれが、当然の常識の如く。

これこそ、今までの常識が覆される瞬間です。これは必ず来ます。絶対に来るのです。

だが、何かに頼り、縋り、依存する心からは、奇跡は生じません。すべては自分の意識そのものにかかっています。自分自身を信頼できるか否かに！　自らの能力に対する信頼の復活こそが尊いのです。

それが出来ない人は、自らに挑戦状をつきつけるのです。自らが、自らの無限なる能力に引いた限界の境界線、「出来ない」「不可能だ」「無理だ」という自己否定を取り払い、覆してゆくのです。自らが引いた限界に挑んでゆくのです。

決してあきらめてはならないのです。決して今の状況に甘んじてはならないのです。それでは、いつまで経っても自分を変えることは出来ません。

変えたい、変わりたい、変わらなければという意識こそ、今のあなたが必要としているものなのです。それを持つことが出来たなら、あなたは絶対に変わります。

なぜならば、意識や想念が人生を創造する鍵だからです。

意識はすべてをコントロールできます。運命を、環境を、肉体を、そして社会を、国を……。すべてを変え、進化創造させることが出来るのです。

そのためには、今までの習慣的想念、惰性の生き方、保守的な生き方を改め、今よりも一歩高い目的を自らに設定し、それに向かって邁進することが望ましいのです。

自分を変えたいと強く欲するならば、変えるための目的をしっかり立てることです。そして、その目的に向かって、着実に一歩一歩努力し、突き進んでゆくならば、あなたは必ず変わるのです。

（2005年2月）

健康について

日本人の過剰な健康志向

日本人にとって、今日ほど健康維持の努力、健康への過剰反応、健康な身体づくりへの追求などといった方面にエネルギーが向けられている時代はありません。その余りにまで異常すぎるほどの健康志向に驚かされます。

確かに自分の健康に留意すれば、しないより健康的に生きられることは間違いのない事実です。だが、自分の身体に対する過剰な関心や反応は、果たしてどうなのでしょうか。

これは偏（ひとえ）に、自分の身体に自信が持てない証拠です。人々は健康を大切にしながら、その健康に大きな不安を抱いたり、疑問を向けているのです。

本来、健康とは、自分の健康を意識しないのが健康的な状態なのです。日常生活を通して自分の健康状態についてあれこれと深く考えないで、見過ごしてしまっている時こそが、実感としての健康な状態なのです。だが、自分は健康であると思っていても、人間ドックなどで「あなたは健康である」という確かなるお墨付きをもらわないと安心できないのです。

人々はよりよい健康を目指して、健康づくりに励みつづけ、その結果、健康に不安を感じ始めてきたのです。自分の健康基準が判らず、果てしなく高まりつづける健康水準についてゆけず、健康を追求するがゆえの不安を抱いているのです。

彼らにとっては、別に病気でない状態であっても、自分自身では本当に健康とは思えないのです。いわゆる元気な時でさえも、どこか自分の異状を探し出し、自らに不安を感じさせているのです。

この誤った健康志向は、行き着く先のないマイナスの悪循環となり、彼らは永遠に〝健康〟から逃げられないのです。

どうしてこのようになってしまったのでしょうか。

自然治癒力を限りなくオンにする

健康とは本来、一人一人が自分の身体についての知覚に基づいて判断されるべきものです。そして一人一人が自分の身体を管理すべきなのです。

だが、現在は健康ということが歪んだ形で過剰に意識され、余りにも不安な材料となり、人々の心の中に重くのしかかってしまっているのです。

このマイナスの悪循環から抜け出すには、健康の追求ではなく、生命の素晴らしさに意識が向けられなくてはなりません。生命より溢れ出る自然治癒力の驚異的力を知るべきなのです。その生命より無限に溢れ出る自然治癒力を、自分自身で使いこなすのです。

そのためには、そこに強い意識が向けられなければ、自然治癒力はただ眠ったままです。健康を維持するためには、外からの力や薬、医師に頼るだけではなく、自らの内なる力を目覚めさせ、その自然治癒力を限りなくオンにし、そのエネルギーによって、いかなる病気にも打ち勝ってゆく生き方を見直さなければなりません。

一般的に健康志向、健康の追求は、最終的には全面的に医療に任せることに行き着きます。自分の肉体を最新医療に管理させ、操作させてゆくのです。しかし、それは自らの権能の力を他に譲り渡す行為です。自らの内なる声を聞かず、自らの内なる叡智、直観を排除し、肉体を自らが管理する能力を捨て去る行為であります。

人間には本来、誰にも自然治癒力が備わっているのです。自らの肉体に心を傾け、意識を集中させれば必ず身体の叫びが聞こえるのです。

だが、現代では、自然治癒力のみに頼る方法は、よほどの人でなくては出来なくなってきています。

理想の医療とは、やはり医者と患者の関係が対等なことです。両方の力を出し合い、協力し、信頼し合ってこそ治癒されてゆくのです。

医者は完全に自分の病気を治してくれる人ではない、ということです。医者は自分の病気を判断し、治療の方法を教えてくれ、それに沿って的確なる治療を行なってくれますが、あくまでも自分の病気を治すのは自分自身であり、自分に内在せる自然治癒力です。

医者は患者の痛みや苦しみは理解してくれますが、患者自身が感じているほどの痛みや苦しみを感じ取ることは出来ないのです。

つまり、医者は病気を治すよう努力はしてくれますが、あくまでも自分の病気は自分で治すのです。即ち内なる治る力（自然治癒力）と外なる治す力（医者の治療）の両方が相作用し、働き合い、調和し合って肉体は癒されてゆくのです。

それゆえ、一方的にすべてを医者にゆだねる方法は好ましくないのです。医者は患者自身に考えさせ、自然治癒力に目覚めさせてゆくことが大事であり、また患者は自分の目で自分の身体を見直し、自分の身体の声を聞き取ることが大事なのです。

要するに、自分の身体に自分で向き合い、自分が自分の医者になることが必要なのです。

自らの大いなるミッションを意識する

人々の健康に対する過剰意識の根底には、その先に見え隠れしている自分の死を避けたい、触れたくない、逃れたいという想いが潜んでいる気がしてなりません。

健康に対する過剰反応は、病気になることへの怖れ、そして病気の先に来る死の恐怖から来ています。いつか必ず来る自分の死を今は出来るだけ自分の意識から遠ざけることに努力が払われ、自らを健康志向へと駆り立てているのです。

しかし、死は必ず来ます。絶対に誰もが逃れられない事実です。従って、人々が死から離れるために健康志向へと傾いてゆくことは、本当の健康志向ではないのです。本来の健康なる生を充分生き切ってはいないのです。

真の健康とは、いついかなる時でも自分の死を容認し、自分の死を受容でき、自分の死と向かい合える心境に至ってこそ成り立つのです。自分の死を遠ざけての健康志向は空しい努力です。

人間誰しも、人生における自分に与えられた今の瞬間、意識を全開して生き切らねばなりません。自らの生命に対する畏敬の念をもって……。自分の天命に向かって……。自らの進化創造に向かって……。限りなく我即神也の実現に向けて……。

この自らに課せられている大いなるミッションに意識を集中せず、ただ単に自らの健康のみに意識が向けられるということは、自らの生命を軽視し、自らの生命の尊厳性を認めていないということなのです。自分の生命そのものを尊ぶ姿勢がなく、生命に対する畏敬の念に欠け、自らが自らの生命を粗末に扱っている証拠なのです。

その根本原理が判らないため、枝葉末節(しようまっせつ)のどうでもいいような健康志向に自らが陥ってゆくのです。

自らの天命をしっかり見極め、その天命に向かって突き進んでゆくならば、健康は自ずとついてきます。天命とは、「我即神也」そのものを肉体に顕現させてゆくことです。故に、我即神也に至るプロセスにおいて、自ずと健康は輝きを増してくるのです。

生命が輝けば、健康など意識にとどめることはありません。

そのためには、一にも二にも、まず、真理を知ることです。真理を追求し、探求することによって、究極の真理である「我即神也」に行き着くのです。

人はあらゆる瞬間において、自らの人生を創造しつづけているのです。今、あなたがこの本を手にし、この頁を読み進んでいるこの瞬間にも、あなたの人生の一頁が創造されてゆくのです。

あなたが健康志向の人ならば、健康に過剰に反応する人ならば、今のこの瞬間、あなたの人生は見事に塗り替えられてゆくのです。

今、自分が本当に健康であるか否かが分からない不安、重症ではないがいつも自分の身体が何かスッキリしない不安、一体どこまで健康づくりに専念すれば自分が本当の健康に達するのかという不安におびえる必要はなくなるのです。もうこれ以上、飽くなき健康志向に煩わされることはなくなるのです。

また、実際に病気や致命的な状態にあったとしても、自らの天命（我即神也）に焦点を定め、生命がけで自分の天命が完うされんことに意識を集中してゆくならば、必ず病気の症状は善き方向へと導かれてゆくのです。

何故ならば、今まで自分の意識が病気のことのみに把われ、自分のエネルギーのすべてが病気のことのみに奪われ、使われていたからです。その病気から自分の意識が離れ、究極の天命へと導かれてゆくため、病気への執着がなくなり、気が滞った部分がなくなり、自然と癒されてゆくのです。

意識こそが現実を形作ってゆく

このようにして、人類はみな、いかなる時も自らの意識を集中することによって、一瞬一瞬自らの運命を創造していっているのです。

自らの人生を善きほうへと導いてゆくためには、真理に出会うことであり、一瞬一瞬自分の魂に真理を与えつづけることです。

そのためには、祈り、印を組みつづけてゆくことです。

世界平和の祈りは、個人人類同時成道（じょうどう）への救済の道であり、我即神也・人類即神也の印は、自分も人類もみな光り輝く神そのものに至る道です。

自らの運命を善きほうへと創造してゆくその基（もとい）は、思考そのものにあります。この思考は、意識によって形作られている生命エネルギーであり、いかなる形も意識がなければ存在しません。

生命エネルギーは、常に自分を貫いて流れている宇宙エネルギーでもあります。この生命エネルギーは、自分が意識するところに流れ入ります。健康を意識するならば健康に、病気を意識するならば病気に……と。

この意識こそが、現実を形作ってゆくのです。

そしてまた、この自分の意識を変化させることによって、自分の運命をいかようにも変え、決定することが出来るのです。

この意識というものには、全く限界がありません。

最後には必ず神に至ります。絶対に神にまで至りたいのだと強く思いつづければ、それは可能なのです。人間の可能性は無限なのです。私たちの意識が可能と思ったことは、絶対に可能なのです。

ところが、人はみな、自らに自己限定を下すことにより、無限なる可能性の扉を閉じてしまうのです。

この扉を閉じたのは、自らの意識です。

自分は健康である、健康になる、病気は癒される、病気は治る、と自らの意識がそう下した時、自らにある生命エネルギーがそのように働き、いかなることをも可能にしてしまうのです。そして、今までは何事もなかったので働く必要のなかった細胞は、突然の意識の強い発動により、次々と眠りより目覚め、自然治癒力が働き始めるのです。

人間の意識には限界がありません。限界をつくっているのは自らの駄目だという意識、不可能だという意識、無理だという否定的想念です。

そうではなく、我即神也、人類即神也の究極の真理を心の底から意識し、その目的、天命に向かってさらに意識を集中してゆくならば、いつか必ずそれは成るのです。それは天の法則だからです。

人類の大半が、それは不可能だと思っているから、その思っている意識が現実となるわけです。自らの意識に限界を設けず、究極の真理に沿って意識しつづけるならば、不可能と思えることすら可能になるのです。

意識とはそのようなものです。

昔から「病は気から」と言われていますが、まさにその通りなのです。自らの気（意識）の持ち方一つで人間は病気にもなれば、健康にもなります。失敗もすれば、成功もします。不幸にもなれば、幸福にもなります。意識は無限大です。その無限大に広がる意識に限界を加えるのも自分の意識なのです。

要するに、自分の一生を通して現われてくるいかなる現象も、それがよきことにつけ、悪しきことにつけ、すべて一瞬一瞬に自分の意識が関わっていることに相違ないのです。

自己限定の枠を破る生き方

『白光』(注15)の読者たちも、かつては自らの意識が無意識に、自らに不可能であるという限界を定めて、何を為しても出来ない、成就しない、治らない、無理だ、などといって苦悩しつづけていたのです。

だが、究極の真理に出会い、一つ一つ意識をプラス思考のほうに、より可能性のある方向に集中することによって、かつては不可能であったことを可能に転換させていったのです。

この真理を体験した人々は、さらに意識的にしろ、無意識にしろ、自らに定めた自己限定の枠を次々と破り捨て、無限なる可能性、無限なる発展に向かって祈り、印を組みつづけ、現在に至っているのです。

この意識を一〇〇パーセント、光明思想に徹することが出来たのが、聖者、賢者と言われる人たちです。

私たちは、教えに従い、真理によって一〇〇パーセント光明思想に徹するよう限りなく努力するのではありますが、なかなか自分の思うようにゆかなくなると、その奥底にある潜在意識が時折頭をもたげ邪魔をするのです。

「もしかしたら駄目かも知れない」「そうは言っても、現実はそうはいかない」「それは特別な人だけが出来ることであって、我々のような凡夫には出来ないことなのだ」……などと言って、自らが自らに限定を加えてしまい、せっかく成るものも成らなくしてしまうのです。

このようにして、人によっては五〇パーセント信じて五〇パーセント否定しつつ、七〇パーセント信じて三〇パーセント疑いつつ、九〇パーセント信じて一〇パーセント不安を持ちつつ、自らの思考に従って自らの意識を向けつづけているのです。この比率の割合の通り現実化してゆくのです。

だが、これもすべて過去世の因縁の消えてゆく姿であって、否定に否定を繰り返しつつ、やがてすべては消えてゆき、ついに全面的肯定となり、突き進んでゆくのです。

この一瞬一瞬の何気ない意識ですら、自らの人生の一頁を創造する鍵を握っているのです。

故に、いかなる時も、無意識に生きるのではなく、意識的に生きるべきだと私は繰り返し述べているのです。

最終目標に意識を合わせる果因説の生き方

自らの人生を見事に花開かせてゆくためには、果因説による生き方こそが必要なのです。自分の意識を、まず自分の目指す最終目標に合わせるのです（人類の究極の目標は、我即神也です）。それを実現するために、あらゆる条件を設定し、形作ってゆく。そしてそこに向かって努力を傾けてゆく。要するに、意識を目指す結果に集中させてゆけばよいのです。

例えば、脳硬塞で倒れたとします。常識で考えると、脳硬塞に至るまでの自分の過去の生活が問題となります。病気になった原因が追求されるのです。

まず常識で考えると、暴飲暴食、睡眠不足、嗜好の好き嫌い、働き過ぎ、神経症、不安……などの条件が幾つか重なって、ある臨界点に達し、ついに脳硬塞に至ったのです。

その時、生命には別状がなくとも右半身に麻痺が残った。しかも、通常よりも非常に重い状態であるとします。すると、医者も家族も、また本人自身もまずは一生寝たきりにならないためのリハビリテーションに意識を向けます。

この時、医者はそれまでのあらゆる経験、症例から、この人の場合、どう見てもほとんど歩くことは不可能と判断を下してしまいます。だが、取り敢えずの目標はまず歩けるようになることですから、諦めずに歩くことに意識を集中させます。

その際、歩くための種々さまざまな目標が設定されます。だが、どれもこれも到底歩くまでの道のりは長く、しかも相当な困難が強いられます。忍耐力、努力、集中力、痛みを克服するための強い意志力が必要となります。医者、家族、本人はみな一つになり、一致協力し、リハビリに専念します。

だが、本人は自分の身体が重く、何一つ自分の思うように動かないことを幾度となく体験するのです。自分に出来る限りのあらゆる努力、忍耐、精神集中を行なっても、手を動かすことも、ましてや足を動かすことも出来ません。歩くどころかベッドの上で寝返りを打つことさえ困難なことなのです。

とうとうその人は、歩くことを断念せざるを得ないところまで追い込まれてゆきます。

だが、この思考を果因説に変えて、同じリハビリを行なったらどうなるのか比較してみますと、一番重要なことは、自分の意識を〝歩けない〟ことに向けないということです。

悪い身体を元の身体に戻すのではないのです。

意識を常識的思考から来るところの〝絶対無理、不可能〟などという、否定的分野に向けずに常に光明思想に向けるのです。自分の意識に限定を下さず、無限なる可能性に意識を集中させるのです。

そして、歩くことのみを自分の目標とするのではなく、これからの輝かしい生き方に目標を設定するのです。

歩くことは、あくまでもプロセスであって最終目標ではなく、歩けることは結果的についてくることです。そのために、自分が元気になったらまず何がしたいか？　家族のために生きたい、人のために少しでも役に立ちたいと、自分自身の魂が、精神が喜ぶこと、高揚すること、鼓舞すること、生き生きすることに意識を集中させることに重きを置くのです。その輝かしい、これからの人生に向かって意識を集中させてゆくのです。

今までのように、極めて先の見えない苦しく困難な道を一歩一歩下から積み上げて昇りつめてゆく方法ではなく、自らの輝かしい人生の目標を持って、上から自分が自分自身を引っ張り上げてゆくのです。

人のために働きたい、家族と共に元気で生きたい、個人人類同時成道の崇高なる道をただひたすら極めてゆきたい等と、その崇高な意識に従って、歩けるようになるための努力、忍耐を日々瞬々積み重ねてゆくのです。

輝かしい結果に向かって意識を集中させてゆくと、常に光明思想で一瞬一瞬が乗り越えられてゆきます。最初は寝返りを打つことさえ困難であった重く不自由な身体が、自らの崇高な意識により、寝返りが打てるようになります。

自分の意識を常に本来の目標に向けて高め上げてゆきます。自分はもっともっと崇高で気高く、広大で輝いているのである、と何度も何度も自らに言い聞かせつつ、立つこと、歩くことといったその小さな一つ一つの目標を、大きな目標の中に吸い込ませてゆきます。常に大きな目的意識が小さな目的意識を一つ一つ引っ張り上げてゆく仕組みとなるのです。

その時、たとえ駄目だ、出来ない、不可能だと思ったとしても、自らに諦めと限界を下さない限り、いつか必ずそれは成就するのです。

寝返りの次はベッドから起き上がること、そしてそれが出来たらベッドから立ち上がること。そのプロセスにおいて、何度も何度も苦しい挫折や困難を強いられるかも知れません。だが、目標が高く大きいだけに、枝葉（えだは）の一挙手一投足に意識が煩わされ、引っ掛かることが少なくなるのです。

意識がそこに把われなければ、意外に一つ一つのステップはクリアしやすくなるのです。

意識とは自由自在に働くもの

常識でゆくと、まず原因を突き止め、悪い種を一つ一つ暴き出し、それを排除しつつ、昇りつめてゆく方法が一般的です。これはマイナスの方向に意識が集中するため、なかなか容易に目的が達成されません。

例えば、先ほどの歩行練習に置き換えると、なぜ寝返りが打てないのか、その原因は何なのか。一つ一つ否定的な原因追求にエネルギーを使ってゆきます。

もちろん、その一つ一つの原因を追求することは大事なことではありますが、あまりにもそのことのみに把われ、そこに意識を集中させるやり方は、意識の偏りを招きます。意識が偏ると、そこの気の流れが滞り、固くなり、結局突き詰めてゆくと、自分自身の不自由なる意識で自分の身体を自由自在に動かなくしてしまうのです。

そういう時、その意識を全く違う方向に向けると、その気の凝りや固まりがほぐれ、流れ出し、自然に解消されてしまうのです。

常に目の前に生ずる現象や結果に一喜一憂し、もう出来ない、苦痛だ、重荷だ、もう耐えられないといった意識を持ちつづけていたならば、成るものも成らない。そして目標が達成されない時のショックは大きいのです。

その大きなショックが何度も重なれば、ついには諦めの境地へとつながってゆくのです。ところが、果因説のように明るく輝かしい大きなビジョンを自らが掲げ、その目標に向かって意識し、その目標の達成のために努力し、歩行練習を重ねてゆくならば、自らの高い目標への心の高揚が、喜びが、小さな目標である歩行訓練を難なく引き上げてしまうのです。

意識とは、このように自分の思うとおり自由自在に働くのです。

意識とは、このように限界がないのです。

意識とは、このように無限大なのです。

そしてまた、意識は逆に働くことも無限大であり、同時に限界がないのです。

自分にとって歩行は絶対に無理である、不可能であると自らに限界を下してしまうと、すべてを不可能にしてしまうのです。このような状況をつくり出してゆくのもやはり同じ自分の意識なのです。

我即神也、人類即神也という輝かしいビジョンに向かって生きる

自分の意識とは、自分の意識でありながら、まったく不可解な、不思議なものです。意識はプラスにも働けば、同じようにマイナスにも働きます。それならば、なぜその意識をプラスのみに働かせることが出来ないのでしょうか。

そのためには、我即神也、人類即神也という輝かしい未来の目標に向かって生きることです。それが、果因説(かいんせつ)の生き方です。

因果説(いんがせつ)のように、過去に自分が播いた種の責任を取るために、その因縁の結果に引きずられ、巻き込まれ、自分を責め、自分を否定し、自分を裁く方法は、全く光明の見えない、闇の深いマイナス思考そのものです。

それに対して果因説は、たとえ過去の因縁が現象面に悪い結果として現われたとしても、その対処の仕方がすべて光明的な方法なのです。

すべては前生の因縁の消えてゆく姿として世界平和の祈りに投げ入れ、〝過去の因縁が消えれば後はすべてよくなる、必ずよくなる、絶対によくなるのみ〟といった未来志向の輝かしい人生に意識を集中させてゆく生き方なので、そこにはマイナス思考が働きません。

マイナス思考が自分の意識にのぼらなければ、自分の人生にマイナスの現象を引きつけ、現実に現わすことは決してないのです。

自分の人生を振り返ってみれば、いかにマイナスの現象が次から次へと現われては消えていったか判るでしょう。それは、つまり過去においていかに自分の思考がマイナスに満ちていたかの証（あかし）です。怒り、苦しみ、不平不満、恨み、憤り、報復、不安恐怖……その結果なのです。

人類の多くが未だに不幸や苦悩に喘（あえ）いでいるのは、そのマイナス思考の生き方から脱皮できずにいるからです。このマイナス思考からプラス思考へと切り換えることにより、たとえ現象面において種々さまざまな状況にあろうとも、常に精神は平安と幸せに満ちた人生を送ることが出来るのです。

健康志向、健康への過剰反応は、自分の意識が全面的に健康のみに偏っていた結果であり、常に健康不安にとりつかれ、健康を維持しようとするがために却って心の病に陥ってゆくといった悪循環的状況だったのです。

人間、同じ人生を生きるなら、我即神也、人類即神也という輝かしいビジョンに向かって生きてゆくべきです。そのように生きられる人間は、何と幸せなことでしょうか。

我即神也、人類即神也に至る道は、本当に素晴らしい。毎日毎日、祈り、印を組みつづけることによって、さらに人生が輝きを増し、現実にすべてが調(ととの)ってゆくのです。

（２００３年６月）

（注15）白光真宏会の機関誌（月刊）。

死について

究極の真理に至るため、魂は転生を繰り返す

究極の真理〝我即神也〟〝人類即神也〟の真髄とは、人類はみな一人残らず、やがていつの日か必ず神そのものに還る、神そのものの光を放つ、ということなのです。そして宇宙神の光の一部として、宇宙神と一体化してゆくのです。

二十一世紀には自らが自らを救済し、自らが発する光の輝きによって評価されるべき時が来るのです。

光とは、すなわち波動です。そして、波動とは自らが発する感情想念エネルギーそのも

のです。感情想念が純粋で素直で無邪気で、常に愛と赦しと感謝の念に満ちている人の波動は光そのものです。愛そのものであればあるほど、内在する光はより輝きを増します。

二十一世紀は、自らの放つ光の波動の測定によって、その人のレベルが判断される時が来るのです。

私たちは、物質界への転生(てんしょう)を繰り返すことによって、魂の完成への道を辿ってゆきます。そしてついには、我即神也そのものに至るのです。

その魂の転生は、原因結果の法則と密接に関係し、進化の法則のもとで行なわれますが、それはあくまでも自らの意志と計画によって為されてゆきます。

その時、自らの魂が必要とする次の課題を選択し、計画し、決定します。転生の都度、両親、兄弟姉妹、人種、民族、宗教、国、文明、文化などを自ら選択し、決定するのですが、それらのことはその都度さまざまな出来事として現われては消えてゆきます。

そして意識に残るのは、国家、民族、人種、宗教、主義主張を超えて、私たちは人類すべての人々の魂と永遠につながっているということです。そのことを学んでゆくのです。

共に転生を繰り返し、共に経験し、共に同じ課題をクリアしつつ、共に生老病死、喜怒哀楽を学びつつ、自らの魂がいかなる魂とも決して離れているものではなく、密接に関係していることを明確に知るのです。そしていかなる魂も、やがて究極の真理〝我即神也〟〝人類即神也〟へと行き着くのです。

死に関する誤った思い込みが肉体への執着を生む

この究極の真理〝我即神也〟〝人類即神也〟を理解するためには、転生を繰り返しつつ誕生や死について深く学ばなければなりません。

死は、一般に人々に不安と恐怖を与えているようですが、決してそうではないのです。転生を繰り返せば繰り返すほど、死に関して深く認識できるようになるのです。

人類が自らの死を直視できないのは、肉体そのものに執着し、自分自身を肉体と同一視しているためです。また、今自分だけが死ぬのだという、孤独に対する恐怖感や、今生にて深く慣れ親しんできた肉親や人々との別れという喪失感もその一因となっています。

だが本来、死とは、返還作用なのです。肉体を構成している物質＝質量をいったん地上に返す作用です。

肉体はそれぞれのもとの元素に還り、大地に吸収されてゆきます。これは本来、自らの意識で自らの死を容認した時に、自発的に喜びをもって為される行為です。

肉体は地上に返還され、魂はそれを与えた宇宙神に返還され、吸収されてゆくのです。すなわち、宇宙神の光の一筋に戻ってゆくのです。

死とは実際、恐怖ではなく、喜びをもって為されてゆく至福そのものなのです。

この死の原理を明らかにしなければ、人類はいつまで経っても自らの肉体に執着しつづけます。病気の不安、恐怖におののき、いざ病気になれば藁をもすがる思いで最先端の治療を求めて騒ぎ立て、肉体の重要性を過剰に強調します。臓器移植、遺伝子操作、クローン人間などは、この地上に自らの肉体を限りなく存続させておきたいという願望の現われです。

今世紀は、人類のこの誤った思い込みを変えてゆかなければなりません。最先端医療に関する考え方がこの問題の真の解決を担っています。治療可能な人々はもちろんのこと、治療不能な人々に対してさえも、飽くなき治療を施してゆくというやり方にどのように対処してゆくかが重要なのです。

自分自身の死を認められず、あくまでも最先端の医療に頼らせる医療のあり方に問題があるのです。死に向かうべき人々に、これ以上無駄な苦しみ多き医療を施して何になるというのでしょうか。人間は自らの死を、死ぬという行為を自立的に果たしてゆけるような心境に至らなくてはなりません。

自らの死の選択を自らの意志決定で為せぬまま、ただ医療によって生命が存続されてゆく。こういった〝死のない〟社会が広く行き渡る時、これからの人類は、一体どうすればよいのでしょうか。

死ぬことが出来ないという苦悩が新たに始まろうとしています。

医療は患者に対して、決して依存症をつくり出してはならないのです。また、自らの生命を決して医療に管理されてはならないのです。自らの生命の尊厳性を決して失ってはならないのです。

そのためには、人類はみな一人残らず真理を学ばなくてはなりません。真理の中でも究極の真理を、です。究極の真理とは、〝我即神也〟〝人類即神也〟そのものです。

死を受容してこそ、新たなる生命の誕生に向けて出発できるのです。死の訪れを限りなく引き延ばすことによって、自らの進化創造を遅らせることになってはならないのです。

多くの人たちは、今生にて自らが犯した罪、裏切り、不正、敵対、責任転嫁、嘘、虚偽、不調和、恨みつらみ、借財……などの負債を負っているがために、再び今生に転生し、負の遺産を返してゆかねばなりません。

自らの肉体にいつまでも執着していたならば、進化創造はどんどん遅れてゆきます。そのためにも、肉体の死を逃げず、恐れず、迷わずに直視してゆかねばならないのです。

魂の計画に沿って人生は運ばれてゆく

死とは、誰にでもいつかは必ず訪れるものです。

死とは、意識的であれ無意識であれ、必ず本人自身が決定するものです。

死とは、本人の今生における人生計画により、早い場合もあり、遅い場合もあります。千差万別、まちまちであります。よって、長生きだから幸せで、若死にだから哀れで気の毒だという観念は当てはまりません。

死とは、地上における本人の人生計画の成就です。たとえ事故死、犠牲死、病死、天災による死、餓死、突然死、他殺、自殺であろうとも、あくまでも本人のみが知る、本人の意志決定による死なのです。周りから見れば、余りにも不幸、悲惨、悲運、壮絶きわまりなく見えようとも、本人が決めたことなのです。

そしてその真意は、前生における本人の償いであったり、魂の急成長であったり、短期間におけるカルマの消滅であったりします。

かつて自分に起こったこと、今起こっていること、これから起ころうとすることは、すべて本人の意志なのです。ただし、本人の意志だけでは成り立ちません。物事が生ずるためには、現象が現われるためには、同時に必ず周りの意識、人類の意識が関わり合い、からみ合って、すべて相互の働きによって地上に生ずるのです。

そのため、安易なる同情、軽薄なる愛、自己満足による思いやりや手助けなどは、却って本人のためによくありません。本人の計画を狂わせることになるからです。それはまた、本人の尊厳を無視して行なわれる行為であり、その真理を外れた行動（おせっかい）は、いずれまた自分自身の運命の上に輪廻して戻ってくるのです。

このことは、自分の決定した計画を今生にて自分が成就させる前に、周りの人々の安易なる介入により破り捨てられることに他なりません。

このようにして、人類一人一人はみな一人残らず、地上にて自分自身の計画を成就するために誕生してきているのです。

例えば、戦争で両親が自分の目の前で殺された子供がいるとします。戦争で肉親すべてを失った子供はストリート・チルドレンにならざるを得ません。しかし、この未だ幼き子でさえ、地上に降り立つ前、時を選び、例えばイラクという国を選び、自分を残し早く死ぬべきイラク人の両親兄弟のもとに生まれることを選択したのです。

その幼き子が、その後どういう人生を辿ってゆくかは本人のみぞ知るのです。人は天界にて、今生のおよそ七〇パーセントのことは計画します。そして後の三〇パーセントは地上にて計画します。しかし、計画通りに進んだ結果としての現象をどう受けとめてゆくかによって、人生を善きほうへも悪きほうへも自由自在に変えてゆかれるのです。

両親を目の前で失い、悲しみと絶望のあまり、報復の念に燃えてテロリストに走るのか。逆に、その逆境の中で一生懸命教育を受け、立派な指導者となってゆくのか。あるいは医者か芸術家か教育者になるのか。または飢餓や疫病に苦しめられ、戦争犠牲者、戦争孤児としての不幸にして悲惨な生きざまを辿るのか……。

その幼き児の魂の計画に沿って、その人生は運ばれてゆきます。そのプロセスにあって、立派な人々と出会い、ポジティブな生き方を選択してゆくのか。過去の償いのための消えてゆく姿としての、ネガティブな生き方を選択してゆくのか。すべては本人の意志決定そのものであり、本人の魂のレベルで行なわれています。

永遠の生命から見れば、この地上における人生は一瞬の出来事に過ぎないのです。この一瞬の人生において、やれ、善だ悪だ、成功だ失敗だ、幸福だ不幸だ、健康だ病気だ、知的だ無知だなどと短絡的に現象面のみを把え、喜んだり悲しんだり、批判や評価、同情などしてみても意味がないのです。

それよりも、あくまでもその本人の意志を尊重し、その計画が完うされる方向に出来るだけ愛を傾け、助けてゆくことのほうが正しいのです。外的、表面的状況に流されて、安易に同情してしまうことはあくまでも控えるべきです。いや、許されないのです。

本人のみぞ知る進化創造の人生計画

一番親しき自分の子供や夫や妻に対しても全く同じです。自分の子供を自分の所有物のように考え、愛するがゆえに自分の思うように育てることが子供のためと思い込んでいる親もいるようですが、とんでもない思い違いです。

たとえ自分の子供であろうとも、子供は子供の意志により、自分たちを両親として選び、それを基(もとい)としてその子供の人生の計画が果たされるように誕生してきているのです。

その親子関係が逆縁として働くと、お互いの性格、能力、知的レベル、自我などの衝突により、親子間にも不和、憎しみ、根深い敵対、病気、事故などが起こってきます。種々さまざまなることが因となり、縁を通して果として現われてくるのです。

だがしかし、最悪の因であってさえも、救済の手段として必ず真理に出会えるよう、大いなる神々の計画が隠されているのです。その真理を理解するか否かも、またその本人の選択、意志決定に任されています。その本人が真理に理解を示すと、その悪い因がよき縁と結ばれ、よき果を生むことも多々あるのです。

また、人によっては、急速に救われたいために、初めから真理に出会う計画を全面的に立て、悪因縁や逆縁をわざわざ選び、自らの計画を設定することもあるのです。

そういう場合は、現象的に見て不幸、悲惨、苦悩のように見えますが、当の本人にとっては、急速に自らの魂の進化創造を選んだための当然の結果なのです。

すべては本人のみぞ知る計画なのです。故に、たとえ親であろうとも、自分の子供の人生に介入してゆくことは親の傲慢です。その子がたとえマイナスの、ネガティブな人生を引きつけ、それに巻き込まれているように思えてもなお、ただただ黙って真の愛の光を注ぎ、その子の天命が完うされんことを祈るだけでよいのです。その子のために印を組み(注16)つづけることのみでよいのです。

黙って真剣に純粋なる愛、無私なる愛をもってその子の天命を祈り、印を組んだ時、その子は必ず真理に目覚めてゆくのです。

何故ならば、いかなる子もいかなる人も、魂の最高のレベルにおいては〝我即神也〟〝人類即神也〟を初めから識っているのです。ただ忘れてしまっているだけなのです。故に、大いなる神々の計画により、どの人も必ず真理に出会えるよう導かれてゆく軌道が敷かれているのです。真理に出会って学ぶことこそ、唯一、自らが自らを救済することです。

自分に起こること、生じることは、決して誰の責任でもありません。誰のせいでもありません。誰のためでもありません。すべては自分のため、自分の進化創造へのプロセスなのです。〝我即神也〟に至るプロセスなのです。

このようにして、地上にてさまざまなる体験を積み重ねて魂が成長し、地上における計画を一つずつ成就してゆくのです。この計画は、親子ともども、ある部分は同時に働いているのです。お互いに磨き磨かれ、高め高め上げられるという対象として存在しています。決して一方のみでは成り立たないのです。

親子、夫婦関係ほど深い縁はないのです。それが本人にとって善きにつけ悪しきにつけ、一番魂が磨かれ、高め上げられてゆく関係なのです。

死とは宇宙神への帰一、崇高なるものとの一体化

そして自分の人生計画の最後の総集編ともいうべき死は、魂の自らの意志決定の結果として起こるのです。死ぬのは自らの魂が要求する時なのです。

だがしかし、死というのは、私たちがただそう言っているだけで、本来死はないのです。それは無限に光り輝く宇宙神への合体であり、永遠なる生命への入り口であり、肉体という束縛からの解放です。

一般的に、死とは深い眠りであり、すべてを忘却することであると思われています。しかし、その死は、常に背後にて自分を見守り導いてくれている守護霊、守護神によって完全に導かれてゆくのです。

一般の人々にとって、死とは、未知に対する恐れ、どこに連れて行かれるかの不安恐怖、愛する人々との別離、悲しみ、孤独、さらには自分自身の肉体への愛着など、多くの不安材料があるように思われるでしょう。だが、決してそうではありません。死とは、それらのすべてを一瞬に、忘れさせてくれる至福そのものなのです。

一般に死後の世界への移行は、罪深く、汚れ多き自分に対する責めや、自己処罰や、そ

の上、真理が判っていないために、困難を極めるように思われますが、決してそうではありません。必ずいったんは、まばゆいばかりの光の中にいる自分を認識でき、美しい花々に囲まれ、天使に抱かれ、幸せと平安、至福に満ちた自分がそこにあるのを感じるのです。

このように、本来誰でもが、自分の死を喜びと至福をもって迎えられるのですが、真理が解らないため死を前にして出来るだけ長く肉体にとどまり、自らの死を遠くに避けるよう努めているのです。

死後の世界もまた、この地上界の生活体験の継続であり、それまでの生活における関心と傾向の繰り返しです。彼らの死後における意識は地上の時と同じであり、変わることはありません。故に何回も輪廻転生を繰り返し、魂のレベルアップを続けるのです。

低次元意識レベルの人々、例えば利己的な人、殺人者、犯罪者、物質的欲望の強い人、権力者などは、地上への執着により、なかなか本来行き着くべき霊界へと移行できない状態が起こります。欲望や欲求を募らせ、死を経てもなお、魂を地上にとどまらせたいと必死で望み、可能な限り、再び自分の肉体に戻ろうとします。または地上と接触することを望み、人に憑依（ひょうい）したりするのです。

しかし、いかなる人も、地上にてさまざまな悪想念行為をしつづけてきた人でさえも、いったんは必ず光に包まれ、守護霊、守護神に大切に扱われ、大事にもてなされ、死の過程を経てゆくのです。

ここで大切なことは、自らの意識が自らの肉体に執着し、肉体そのものと同一化している限りは、なかなか死の恐怖から逃れられないということです。

自分自身が本来神そのものであることを知らないのですから、苦痛と悲嘆、喪失と別離の情念に駆られるのです。それでもそれはほんの一瞬のことで、守護霊、守護神のご愛念により次第に悟らされてゆくのです。

死とは、あくまでも肉体の衣を脱ぎ捨てる行為です。あたかもさなぎが蝶になるようなものです。

死とは、宇宙神への帰一です。本来の自分自身に還るのです。崇高なるもの、神聖なるもの、完璧なるもの、輝かしきものとの一体化です。死の不安恐怖といったものは、真理を知らない人たちの想像の産物です。

内なる自分の意志決定により死後の世界への移行が始まる

では、死後の世界への移行はどうやって起こるのでしょうか。

普通、死は誰でもが突然にやってくると思っていますが、決してそうではありません。どんな人も、意識的ではないにしろ、まず自らが自らに宣言するのです。自らの内なる神そのものの声により、自らが自らに決定を下すのです。いよいよ肉体の衣を脱ぎ捨て、神界へと移行するという意志決定です。

死後の世界への移行の宣言が為されると、肉体を構成するあらゆる組織、機能、器官の働きなどに変化が起きます。肉体と魂とを強力に引きつけていた関係が崩れてゆきます。魂と肉体が徐々に切り離されてゆくのです。

それは、人によっては急激に、ごく短い期間内に行なわれたり、長期間を要する場合もあります。

これは、私たちが毎日行なっている睡眠とよく似ています。睡眠中は、肉体と魂とは生命エネルギーによってつながり、その流れはそのまま維持されつづけていますが、死においてはその維持している生命エネルギーは完全に切り離されます。再び肉体へ帰還できなくなるのです。このプロセスは人によってさまざまで、その決断をしてから早くて二、三分、中間で二、三日、長くて二、三年の期間を要して練習するのです。

つまり、いかなる人も死後の世界に移行する訓練を、自らの内で為すのです。それを意識していないだけのことです。これは必ず睡眠中に行なわれているのです。

人によっては数回の練習で、または数十回、数百回の訓練を重ねる人もいます。そして死後の世界への移行が徐々にスムーズになってゆきます。練習や訓練とは、魂がいったん肉体から離れ、空中をさまよい、自分自身が光そのもの、自由自在そのもの、意識そのものであることを経験することです。そしてまた、もとの肉体に戻ります。

その時、人によってはなかなか完璧に戻れず、ずいぶん苦労することもあります。その状況を傍(はた)から見れば、死の前、苦しそうな顔をしたり、叫んだり、誰か目に見えない人と話したり、手を上げたり、足を突っ張ったり、さまざまな言動をしますが、これは決して苦しいのではありません。これは魂の身体が肉体の身体になかなかスムーズに入れないために生ずるのです。魂の足が肉体の足に、手が手に完璧に寸分の違いもなく、もとの肉体に戻れないからです。

幼児が自分の洋服を着る行為と全く同じです。ズボンの一方に両足を入れてみたり、前後逆さに着てみたりするのと同じです。人によっては一瞬にして肉体に戻れる人、衣を着られる人もいれば、数時間、いや数十時間要する人もいます。

この練習期間を誰もが守護霊、守護神を通して経験しているので、本来死は恐くはないのです。だが、潜在意識が恐怖するのです。魂と肉体との訓練を実際に睡眠状態を通して行なっているにもかかわらず、それを全く忘却してしまっているからです。

死とは、本来苦しいことでも、息がつまることでも、暗黒の中に漂うことでもありません。自由自在に光そのものに至ることです。

死は、決して破滅的なものでも終局的なものでもありません。愛してきたすべての人との別れでもありません。地獄や幽界への参入でもなければ、自らの人生計画の突然の終結でもないのです。

これらのすべては、本人がすでに知りつくしていることなのです。傍から見ればすべて中途のように思われますが、魂にとってはそれさえも計画通りなのであります。

地上での事の成就、成功、失敗、罪、悔い……などは特に重要な意味を為しません。すべて経験こそが尊いのです。一つの経験を通して、失敗しようが絶望しようが自己不信に陥ろうが、それら一切はすべて進化創造のプロセスです。

本人（魂）にその深い意図が理解できれば、周りの人々が失敗とみなそうが、不幸と認めようが、病気と結論づけようが、そんなことは全く問題にもならないのです。すべては枝葉のことに過ぎません。

進化創造のプロセスとして一番重要なのは、真理の探求、真理との出会い、真理への目覚め以外にないのです。自分が一体いかなるものかを識った時に輪廻転生を終えるのです。その究極なるものが〝我即神也〟なのです。

死後の世界への移行

さて、このようにして死後の世界への移行の宣言が為されたなら、肉体は呼吸が止まり、心臓が止まり、瞳孔が開き、要するに肉体の死が告げられます。

その時、魂は肉体を離れ、光そのものとなります。

魂が肉体を離れると、肉体の一つ一つの細胞から生命エネルギーの放出が始まります。そして少しずつ、徐々にすべての組織や器官、内臓の分解が始まり、元素へと導かれ、やがて大地へ還ります。

魂は、肉体への執着、そして今生における引力の法則により、いったん肉体へと引き戻されようとしますが、肉体の束縛から自由になったその解放感は筆舌に尽くせず、かつまた自らが光体そのものとなり、本来の自分を認識でき、歓喜し感涙にむせび泣くのです。

また、いかなる人も守護霊、守護神のお守り、お導きにより、幾重にもたなびく七色の美しい世界を経て、霊界、神界へと上昇してゆくのです。そのあまりの美しさ、輝き、光に、魂は喜びと平安と幸せに包まれ、地上に残る人々への感謝の涙となって滴り落ちるのです。

このようにして、死後は罪を犯した人も、自らを信じられない人も、詐欺師も殺人者も罪人もみな、守護霊様、守護神様のご愛念により、いったんは必ず霊界にまで上昇できるのです。

そこに永遠にとどまれる魂は上根（じょうこん）ですが、その光があまりにもまぶしく、自分を逆に苦しませると感ずると、魂自らが低き次元へと転落してゆくのです。そしてまた、新たなる地上への計画が為され、転生を重ねてゆくのです。

怒れる神、審判を下す神、罰を与える神――そんな神などは絶対ないのです。そのことをよく知らなければなりません。神の審きのように見えるのは、自らが自らを審いているのです。

地上への誕生は魂の進化創造のため

人類は真理を知ることによって、死への不安恐怖から解放されてゆきます。すると可能な限り肉体にとどまろうとする、肉体への執着を断ち切ることが出来るのです。

いかなる致命的な病気にかかろうが、このように死を深く理解するならば、必ず自らの魂の声を聞き取ることが出来、恐れも不安も抱かず、自らが死後の世界への移行の宣言を下せるのです。そうなれば、敢えて臓器移植等に執着することはなくなるのです。

たとえ幼児（おさなご）の死に対してさえも……。肉体は数ヵ月、あるいは、三、四年の生命であっても、それは本人が意志決定したことです。魂そのものは決して若くはないのです。自らがはっきりした意識をもって、死ぬ能力を発揮してゆくのです。

この時の死は、決して苦しみは伴いません。常に安らかで美しく、崇高です。自らが自らの力で死ねなくなった時、人類はかつてない苦しみを負ってゆくのです。

宇宙の法則のもと、大自然の運行のもと、人類そして生きとし生けるものすべてはみな、その死を受容し、物質は地上の糧となり、魂は天に還るのです。

今生の生命は永遠の生命の一瞬です。地球への誕生は、無限の宇宙への旅のほんの一瞬の寄港です。そのことをよく知るべきです。

人類の地上への誕生は、すべてが原因結果の法則のもとに行なわれていますが、その奥に自らの意志決定が働いていることを忘れてはならないのです。その地上への誕生こそが、自らの進化創造の道です。人類はみな一人残らず、原因結果の法則のもと、進化創造の道を極めてゆくのです。

人類一人一人がみな進化創造を果たしたならば、その本源である宇宙神のもとに吸収されてゆきます。宇宙神は自らの生命エネルギーを人類一人一人に託し、与えつづけているので、世界人類が一人残らず本源に戻るまで待ちつづけるのです。

その間、何回も何回も法則を踏み外し、本来の軌道を逸(そ)れたとしても、宇宙神は、自らの大いなる叡智、無限なる能力、永遠なる生命力、エネルギー、光によって、人類一人一人の意志決定に介入することはなさらないのです。無限なる愛、無限なる忍耐、無限なる寛容、無限なる赦しにおいて、ずっと待ちつづけてくださっておられるのです。

地上におけることはあくまでも、地上の人類が責任を持って決定してゆくのです。

人類はその宇宙神の慈しみ、深い愛に応えなければなりません。

そのために、人類に先駆けて真理に目覚めた者たちが誕生し、人類一人一人に代わって世界平和の祈りを祈り、印を組み、マンダラを描きつづけ、人類に真理の目覚めを促しているのであります。

（2003年7月）

（注16）　○○（子供の名前）即神也と唱え、人類即神也の印を組むこと。

●第二部●

輝かしい世界の創造

二十一世紀の教育

次世代に譲り渡される負の遺産

地球の未来、そして人類の未来は今、若い人々の手に委(ゆだ)ねられています。彼らは来るべき次の世代を担う人々であり、彼らの子孫をはじめ人類のために、これまでとは違った新しい文明を築いてゆく重要な責務があります。

若い人たちは、これまでに築き上げてきた暗い悲惨な紛争、戦争の歴史や、誤った教育の在り方などを決して繰り返してはなりません。使い古しの青写真を使用し、過去を引きずることは、あってはならないのです。

これからの若い人々が歩まねばならない道は、国家主義に基づいた競争や、その結果生み出された分離の道ではなく、地球人類を統合、調和に導く進化創造への道です。もうこれ以上、人間と人間との間にいかなる壁をも築いてはならないのです。自分の国は他の国々よりも優れているなどといった、そんな低次元レベルの信念や誤った先入観や偏見により、世界を間違った方向に導いていってはならないのです。

かつて私たちが体験してきたこと——即ち人間の価値を知的発達のみに置き、即物的目標の達成や、富の蓄積、資産の獲得、高水準な物質生活の享受などに飽くなき欲望をたぎらせ、ついには未来世代のものでもある地球資源さえも、自分たちの世代で食いつぶそうとしている、そんな愚かな生き方を繰り返してはなりません。

今日の地球的規模の悲惨な状況は、まさに私たちの世代が作り上げたものです。

私たちの貪欲かつ独善的な、間違った生き方がもたらした負の遺産を、これからの世代の人たち、世界中の子供たちに譲り渡してゆかねばならないことは、実に申し訳ないことです。その負の遺産は、次の世代、そしてその次の世代に至るまで、受け継がれてゆかなくてはならないでしょう。

それ故、私たちは、私たちの世代で、出来る限りその負債を減しておかねばなりません。

一人一人の利己主義が人類を分離・対立に追いやっている

今や、人類一人一人の心の中に染み込んでいる物質所有欲。それが、人間の心を利己主義に駆り立て、ついには人類を分離や対立へと追いやっているのです。

先に、国連決議なしにイラクへ侵攻したアメリカのような、そのような一国主義的なやり方は、もはや許されないのです。また、その後の復興についても、アメリカの民主主義を一方的に押しつけるのは間違っています。あらゆる国には、自らの国のあり方をその国民の手によって決めてゆく自由と権利が与えられているのです。

また、あらゆる国々は、各々固有の伝統、文化、宗教的な背景を有しています。彼らはそれに基づき、彼ら独自の、彼らの内的生命が溢れ出るような国家建設を進めてゆくべきなのです。

それ故、たとえ民主主義がよいものであっても、支援をする国は決してそれを復興国に強要するのではなく、あくまでも側面よりそれらの国の民主化をサポートしてゆくというものでなければなりません。

支援する国々は、あくまでも復興国の国民がそれを深く理解し、納得するまでじっと待つ忍耐が必要でしょう。先進国の有利な立場から、何もかも彼らに押し付け、強要し、もの中すやり方は、却って反発を招くことになります。

その国々の人々にはあくまでも、自由と主導権を与え、側面より農業、政治、食糧、医療等の援助や学校教育の再開に向けて支援を進めてゆくのが妥当でしょう。

人類一人一人の心の中には今もなお、民族主義的な国家意識、分離的な宗教意識が根深く刻み込まれています。それらを一挙になくすことは、きわめて難しいことです。

だが、人類は必ずや進化創造を遂げ、それらの意識を超えて、地球市民の一員としての自覚を持つ時が来ます。そしていかなる差別もなくなり、すべての人々が調和し、平和で幸せな生活が訪れることを、私は確信するのです。

若者や子供たちが今の世界の状態からさまざまな教訓を学び取り、地球市民としての在り方に徹してゆくならば、必ずそれは成就できます。

それには、すべての人々が正しく調和した人間関係を築き、皆で世界の安全を維持し、世界経済の発展に努め、国際的視野を広げてゆく必要があります。

要するに、いかなる国のいかなる民族、人種であろうが、いかなる宗教に属していようが、個人の価値と人類の価値は一つにつながっていることを心して知ることです。本来、個人と人類とを切り離して考えることは決して出来ないのです。

個々人の持つ独自の価値、そして個人と人類全体との関係――それを調和したものとし、一人一人が自発的に義務と責任を負ってゆくことが大切です。

人類全体を考えずしての個人はもはや存在しないのです。その上で、人類一人一人は、みな自分という独自なるものを表現してゆくのです。

そして、いかなる人も「真理は自分自身の中にある」ということを知らなければなりません。それがこの世における一人一人の人生です。

霊的価値観に基づく教育の必要性

そして、究極的な個の表現は、自らの内にある真理＝神性を表現してゆくことに尽きるのです。今生における人類一人一人の一番の目的は、自らを建設的に進化創造させ、我即神也に至らしめることです。

人類一人一人がこの境地に達するには、やはり学校教育が重要な役割を占めます。二十一世紀、若者や子供たちの教育は、知識偏重ではなく、真理の探求を組み入れる必要があります。

今までの教育の目的は、主に子供を競争に打ち勝たせ、富や財産、権力を築き、可能な限り快適な生活を送らせる、といういわば物質的生活面での成功者を輩出することでした。そのような教育の一番の欠陥は、子供に倫理的、道徳的な価値観を確立させることが出来なかったところにあります。特に思春期の少年少女においては、それらが著しく低いのです。そして最も目につくことは、現代の少年少女たちが自らを愛し、尊ぶことが出来ず、自らの存在価値を低めていることです。それゆえ、彼らは自らの肉体も生命も、粗末に扱ってしまうのです。

彼らは自分の生命を愛し、尊ぶことが出来ないのですから、ましてや他人の生命を尊べるわけがありません。いとも簡単に他人を傷つけてしまいます。

このような現状を改善するためには、ぜひとも霊的な価値観に基づく教育プログラムが必須となります。

二十一世紀の教育は、霊的ルネッサンスの時代と言えましょう。いかなる人種、民族、宗教、国家に属していようと、いかなる身分、階級にあろうと、いかなる能力があろうとなかろうと、人類一人一人の奥には、生命という崇高にして輝かしい個が厳然と存在しています。その事実に目を向けさせるのです。

個としての自分の存在は、外から見ていかなる状況、環境、差別の中にあろうとも、世界人類七十億人の中で、ただ一人の存在です。決して他に同じ存在はいないのです。このことを、教育でしっかりと教え込まなければいけません。

親の愛と思いやりを受けた子供は、たくましい大人に成長する

これは、教育者に限ったことではありません。世の親は自分の子供を自分の所有物として扱うのではなく、一人の立派な人格者として、神聖なる存在として、その子供の生命を尊び、存在価値を認め、高め上げるよう、導き育て上げることが必要なのです。

子供は、両親や他の人々から愛を与えられなければ、自らの存在価値を認めることが出来なくなり、自らを痛めつけ、苦しめ、疎外してゆくようになるのです。

もちろん、してはいけないこと、悪いことは厳に戒め、注意し、理解させるのは当然のことです。だが、その〝何をしてはいけないのか〟、〝悪いことは何なのか〟の基準をしっかりと定め、教えなければなりません。親の感情や、独断と偏見により、間違った価値観を決して植え付けてはなりません。あくまでも真理にそって、霊的観点に立って導いてゆくべきです。

かつての教育の在り方――競争させ、貪欲、野心、偏見、差別の意識を芽生えさせ、高慢、憎悪、虚栄、うぬぼれ、慢心を生じさせ、人間の心を邪悪な行為へと駆り立ててゆく。そのような利己的な観念に基づいた教育こそ、断ち切ってゆかねばなりません。

これまでの教育が知識偏重、点数主義、物質価値観に基づき為されていたために、子供たちの心は競争へと駆り立てられ、その結果、人間の心の中に眠っていたマイナスの要素をどんどん目覚めさせていったのです。そして逆に、プラスの要素は、置き去りにされ、眠らされたままなのでした。

この競争意識を排除し、それを協力意識、調和意識に置き換えてゆかねばなりません。そして子供たち一人一人の責任感を培い、点数主義、競争主義より生み出されてくる恐れ、不安、抑圧、劣等感から解放することが重要です。

子供たち一人一人に対して、小さい時から、決して恐れや不安感、劣等感を植えつけてはならないのです。それは親の責任であり、学校教育の責任です。

自分に対して常に誇りを持たせ、自らの存在価値の重要さを植えつける教育が為されなければなりません。それにより、子供の心から恐怖心、偽りの心（自分も親も、周りの人々に対しても、ごまかす心）、臆病なる心が一掃されます。

子供たち一人一人を、親や学校の先生や周りの人々が丁寧に扱い、未だ開花はされてはいない、本来持つ潜在能力を充分に認め、それを尊び、慈しむ態度にて接するならば、何故に子供は横道に逸れましょうか。歪み、ひがみの根性など生ずるはずはありません。

表面的、外面的にいかなるマイナスの状況であれ、偏見や批判、非難の眼差しで眺めず、常に愛と思いやりと優しさで接し、包み込んであげれば、子供は純粋に素直に育ってゆくものです。

充分に愛と誠と思いやりを尽くし、子供の存在価値を認めてゆけば、子供は責任感の強い、愛と思いやりと優しさを秘めた、たくましい大人に成長してゆきます。

自分が子供に投げかけた愛情が、子供の心から愛を、優しさを、思いやりを引き出し、それが他人にも影響を及ぼしてゆき、他人からも同じように愛を引き出してゆくようになるのです。

自分の子供がわがままで、横暴で、利己的であるというのであれば、親や周りの人々がその子に対して充分な愛や思いやり、優しさのエネルギーを与えてこなかったのではないかと言えるのです。あるいは、自己愛、執着愛、独善的な愛だけを与えていたのではなかったのかとも考えられます。そして無視されて育った子は、親も他人をも無視するようになります。

真実の愛こそが、子供の心から善なるもの、素晴らしきもの、輝かしきもの、無限なる能力のすべてを引き出してゆくものです。

だが、偏愛、情愛、利己愛、自己愛、執着の愛などは、真実の愛、本来の愛のあり方から見ると、ねじ曲げられ、歪められた形となって表現されているため、子供もそのような愛の反応を示してゆくのです。

教育によって、子供の心から引き出してゆくのは忍耐強さ、我慢強さです。そして少しずつ小さな義務を彼らに与え、背負わせることによって、自立と責任感が培われてゆきます。

そのためには、小さい時から自分がしたことに対して、それが間違っていたり、失敗であったり、また自他を傷つけたりしても、自分でその責任を取れるよう導かなければなりません。

私たち大人でさえも、自分のしたことの責任が取れず、すべてを夫や妻や周りの人々のせいにし、責任を転嫁する生き方を続けている人がいますが、それは間違った教育が及ぼした最たるものです。

そうならないためにも、これからの教育に少しずつ真理の法則を組み込み、それを判りやすく教えてゆくことです。例えば〝自らが蒔いた種は、自らが刈り取らねばならない〟という真理を。愛を与えれば愛がもたらされ、憎めば憎まれるというような真理の一端を……。

子供に偏見や差別を植え付けているのは大人

人間の関心の中心は誰でも、常に自分自身とその周辺にあります。そういう自己中心的な生き方が常識となっています。そして、第一の関心事、つまり自分自身のことについて、ある程度の満足や充足感が得られた時、次のステップとして自らの意識が拡大し、自分以外の周りに存在する人々に関心や興味を示せるようになります。

自分自身の心にゆとりが出始め、個人中心の意識から、外に意識が向けられるにつれ、より広範囲にわたり、より偉大な意識の中心を求めるようになってゆくのです。

このように、小さい時から人間の習性を教え、その上ですべての違いを超えて自他一体感を持つことが出来るような教育を展開してゆくと、世の中は確実に変わってゆくのです。

自他一体感や、すべての違いを超えて共感し合える心は、大人よりも子供や若者、そして幼児のほうが多く持っています。幼児や子供にとっては、人種の違いや民族の違いなど、全く眼中にありません。自分と同じ、友達の一人だと思っています。

幼い時のこの自然な感覚、真の感性を妨げ、遮っているのは、大人に他なりません。特に親、先生など、周りにいる人々です。大人たちが偏見や差別をもって、周りの子供たちに接しているからです。これが、幼い子供たちに対してどれほどの影響力を無意識のうちに与えているか、計り知れないのです。

本来、子供の心は純真そのものです。偏見や差別の意識を幼い子供たちに植えつけているのは、大人たちなのです。

子供たちは、天の心をそのまま受けて、それを表現して生きているのです。子供は、私たち大人が認識している以上にすべての才に長け、すべてを理解でき、すべてに寛容です。直観的であり、物事を損得で考えません。

それに反して、大人はどうか。大人たちこそ、その生き方を改めるべきです。大人の誤った知識や偏見、差別意識などを子供たちに植えつけてはなりません。

子供の人格を尊重する態度が必要

子供たちは、大人以上に敏感にすべてを即読み取り、反応し、感じ取る能力を、生まれながらにして持っています。本来、親が困るようなこと、心配するようなこと、不安感を抱かせるようなことなどしないものなのです。

そのように子供に強いているのは、親たちのほうです。親の間違った意識や行為に対して、子供は言葉で表現することが出来ず、行為で表明しているのです。

それを、親の都合や感情で、そして周りの人々の目を気にして叱り、咎めることは、子供にとってはよくないことです。

そういう時、しっかり子供の意見を聞いたり、よく子供に説明してあげる心の姿勢が大人の側にあれば、決して子供は反発や抵抗、無視することはありません。子供の状況を見て、まず大人の側が反省すべきなのです。

子供の言葉や行為の動機は常に純粋であり、単純です。大人のように偏見を持ったり、自己中心的に物事を見ることはありません。ただ好奇心で、やってみたい、試してみたい、遊びたい、と単純に経験を通して学んでゆきたいだけなのです。

子供は大人の説明を聞く力も、理解する力も持っています。ただ、大人の側が「こんな幼い子供に対しては、何を説明しても解らないものだ」という先入観で判断し、説明しようとしないだけなのです。

そこが大いに間違っているのです。子供は大人が思うほど理解力がないわけではありません。魂は転生を繰り返してきているので、体験は豊富なのです。それを忘れてしまって、今生の肉体年齢と比例させて考えてしまうため、何もかもボタンの掛け違いのように誤解を生み、問題を起こしてしまうのです。

子供は間違ったこと、してはいけないこと、不正なことなどは、教え込まれなくても知っているのです。それゆえに、たとえ間違ったことをしてしまったとしても、それをしつこく責め裁いてはならないのです。

そして何よりも大切なことは、大人たちは幼い子供たちに対して、悪いことをしたのだという感覚を、不必要に植えつけてはならないのです。彼らは放っておけば、ありのままを経験し、納得すれば、そのまま通り過ぎていってしまうものなのです。それを不必要に大袈裟に、悪いことをしたという欠点のみを大きく捉え、責めたり咎めたりしつづけると、子供たちは自信を失ってしまい、自分は悪い子なのだと思ってしまうのです。

第一、大人や親が子供たちの過ちや失敗に対して叱る権利などあるでしょうか。よく胸に手をあてて反省すべきです。何よりも、大人たちは子供以上に嘘をついたり、ごまかしたり、人の悪口を言ったり、言い争ったり、他人に責任を転嫁しているのではないでしょうか。子供たちは実に正しい眼で、絶えず大人たちの行動を見つづけているのです。

子供たちに、物事を自己中心的に判断するよう教え込み、間違った基準を身に付けさせているのは、親や周りの大人たちではないでしょうか。大人の権威、欲望、利己的な生き方に付き合わされる子供たちこそ、迷惑千万と言わざるを得ないのです。

親や大人が子供に接してゆく上で、極めて重要なことは、何事をするにつけても、または取るに足らない些細なことに対してさえも、子供に対して注意深く丁寧に説明することです。

これは、子供の人格を尊重し、子供のプライドを傷つけることのない、まさに相互理解の態度なのです。断じて子供だからといって馬鹿にしたり、未だ幼く何も理解できないからといって、説明を怠ってはなりません。子供は決して親の所有物ではない。犬か猫のように、ただ、自分についてこい、親に従っていればよいのだといった態度は傲慢です。

確かに親にとっては、自分の子供は誰よりも可愛いし、眼に入れても痛くないほど愛してはいるのでしょうが、だからといって、自分の感情の赴くままに育ててはならないのです。親には、子供に対する無私なる愛と忍耐と理解こそが必要なのです。

それは間違いなく自分のためでもあります。子供を通して、親は共に真理を学んでゆくのです。

真の教育は、地球市民の一員としての自覚を促すもの

真の教育とは、一人一人が地球市民の一員として、人類の進化創造に組み込まれていることを教えるものです。かつまた、人類のために貢献することの大切さを教え、さらには自分たちが子供を持った時に賢明な親としての役割を果たすためのノウハウを身に付けさせることです。そして神性に目覚めさせ、霊文明への担い手であることを自覚させることこそが、真理の教育なのです。

この真理の教育とは、ある特定の宗教宗派の教えということではなく、真理の法則そのものです。

例えば、次のようなことです。

○いかなる子供も無限なる能力を内に秘めている。その能力をオン、オフにするのは本人の意識の目覚め次第である。

○自分が蒔いた種は必ず自分が刈り取らねばならない。

○光明の言葉、想念、行為からは、光明の人生が創造される。否定的な言葉、想念、行為からは、不幸な暗い人生が創造される。

○人間は本来、神そのものである。

○人は、自らの内に秘めた無限なる能力を磨き高め上げることによって、人類の進化創造に参加するべきである。

○人生は、自分の思った通りのものになる。

○人類の未来は、予言するものではなく創造してゆくものである。

○過去に起こったこと、今自分の目の前に起こっていること、未来起こるであろうこと、そのすべては自分の責任である。

○肉体は死んでも、生命は永遠である。

○自分という存在は、世界広しといえど、自分一人しかいない。自分の存在価値のいかに尊いことかを知らなければならない。

○いかなる人も、自由に生きる権利を持っている。誰もそれを侵すことは出来ない。

語り出せばきりがないが、真理そのものは幼い子供にも理解できるものであるから、真理を教えることを避けてはなりません。

常識や知識の詰め込みなどは、どうでもよいことです。物事の真髄、本質、真・善・美を伝えることこそ、尊く重要なことなのです。

真の教育とは、人間の本質的な目的、生命とは何か、死後のことをはっきりと示すことです。そして、自分の可能性を通して、内なる進化創造を果たせるよう導いてゆくものでもあります。

そして、真理を知らないがゆえの障壁が取り払われ、偏見を取り除かれた子供が成長した時に、他の人々と調和し、善意なるものを発揮して共に生きてゆくことが出来るのです。

そして一人一人が自らのビジョンを描き、それを実現させてゆく歓びこそ、真の教育がもたらすものです。

教育は苦なるものであってはなりません。真なる歓びこそが真の教育です。

自らの内なる無限なる宝庫を見出し、その宝を次々と開花させ、自らの創造力を駆使して自らのビジョンを達成してゆくことにより、人は真の歓びを見出してゆくものです。

そして真の歓びを体験した子供たちは、世界人類を進化創造へと導き、平和な世界の創造に貢献してゆきます。世界は一つにつながり、人類一人一人の義務と責任において、世界はよりよき方向へと運ばれてゆきます。

子供たちは、アジア人であるか、西洋人、アフリカ人、インド人、ユダヤ人であるかは、全く問題ではないことを知っています。

一人一人の人間には、地球全体に貢献するためのそれぞれの歴史的背景があります。それをお互いに認め合い、理解し合い、善意の心で正しい人間関係を築き上げてゆくことこそが大切なのです。そして、宗教宗派の違いを超え、お互いを理解し合い、尊重し合い、育くんでゆくことです。

そして子供たちは、地球市民、世界市民の一員であることを自覚し、世界に目を向け、発展途上国や、特に戦争や紛争、飢餓、差別、難民、疫病に苦しんでいる人々に対して、自分で出来る範囲での支援や精神的援助を行なうべきであります。

そして国家間と人々の民族的憎悪と分離的態度を除去し、決して二度と戦争が起こり得ない世界を建設することが真の教育の目的です。

要するに、二十世紀の教育の負の遺産である、民族中心の意識、国家中心の意識、分離的な宗教意識こそが問題であって、これらの意識をことごとく排除しさえすれば、戦争、紛争のない世界が構築されてゆくのです。

真の教育こそ人類を幸せに導くもの

世界を平和にするためには、人類を幸せに導くためには、一にも二にも教育です。しかも真の教育です。真理の教育、霊性、神性を開発する教育です。

それは早ければ早いほどよい。世界中の国々が、そして世界中の学校が一致団結して真の教育のカリキュラムを作り上げてゆくのです。

そのためには、数学、国語、地理、歴史、体育、科学、芸術といった、各分野の専門家の他に、どの学校にも必ず道を極めた人、真理に通じた人、宗教宗派を超えた神学者、精神指導者、心理学者、哲学者など、さまざまな分野に通じた、優れた人を配する必要があります。

彼らは子供たちのすべての疑問に対し、あらゆる分野から答えることが出来、子供たちそれぞれの個性を見出し、引き出すための手助けが出来る力のある人たちです。

彼らは愛の人であり、真理の人であり、直観の人であり、天に通じた人たちです。そして彼らのもたらす真の教育を通して、学問と宗教と政治の間に正しい関係が確立されてゆかなければなりません。

子供には小さい時から全体を把握させる能力を養ってゆく必要があります。学問によって知性や直観を磨き高め上げ、宗教によって自らに内在する霊性、神性を開き、無限なる能力を磨き高め上げ、政治によって、権力ではなく、人類に等しく資源を分配する生き方を学びとってゆきます。

教育の分野においてこの三つの関係を明らかにしてゆくことが大切です。それにより、世界平和、人類の幸せは達成されてゆきます。

私は今、真の教育に燃えています。世界中の子供たちに真実を教えたい。そしてどの子にも内在している無限なる能力を引き出し、導いてゆきたい、と思っています。競争ではなく、お互い欠けたるもの、なきものを補ってゆく生き方、他を敬い尊重し、称え合う生き方、そして大自然に感謝し、生きとし生けるものに感謝し、光明の言葉のみを放ってゆく生き方を……。

しかもそれは、子供たちが幼いうちに教育の中にとり入れ、果因説によって一人一人の人生を輝かしきもの、自らが欲するもの、なりたいものを確実に実現させてゆくものでなければなりません。

それは夢ではありません。現実に可能なのです。

そのためには、子供の手本となるような真理を極めた生き方をする多くの人を一刻も早くつくりあげなければなりません。

子供は世界の財産です。宝です。

戦争のない世界、紛争や差別のない世界、皆が安心して住める世界、皆が歓び合い、感謝し合う、幸せな世界は、真理の教育が世界中の子供たちに施されるならば、必ず実現します。そして二十世紀のような世界は古い歴史の一ページと化してしまいます。

平和世界の実現に向けて

二十一世紀、平和な世界は子供たちによって築かれてゆきます。一人一人が真理の人として成長してゆくため、もうそこには軍隊も警察も必要ありません。

自分の生命、健康に自らが注意を払い、自らが癒し、自らが率先して病気を防いでゆくため、医者も多くは必要としません。大食や偏食をしないよう、身体によくないものを好まないよう、自らの叡智によって病気を予防してゆく生き方を、教育が教え導くのです。

富や資源や食糧が人類一人一人に平等に分配されるため、殺人や暴力や暴動も起こらず、弁護士も裁判官も数多くを必要としない世界となります。人が人を裁く時代は終わりを告げます。罪を犯した者も、自らが自らを戒め、立ち直ってゆきます。

二十一世紀の宗教は人を依存させるものでは決してありません。宗教は自分自身の利益のために存在するのではなく、永遠なる生命、死後の世界を教え、霊性、神性を開くものとして、その偉力を発揮してゆきます。

科学もまた、人類を機械文明に依存させる方向ではなく、それぞれの神秘なる肉体を開発し、時間空間を超えるような神秘力を発揮させる方向へと発達してゆきます。居ながらにして会いたい人、行きたい所へ行かれるような、内なる能力の開発へと向けられてゆきます。

ガンもなくなり、成人病もなくなり、子供の病もなくなります。どんな細菌や病気にかかっても、内なる免疫力によって、自らの内在せる力によって病を克服できるのです。そういう方向へと科学者の目は向けられてゆきます。

生物を殺して人間の生存が可能になるのではなく、宇宙空間に存在している無限なる原素（宇宙子）を組み合わせて、新しい生命の糧をつくりあげる方向に向かいます。

大自然も、もはや人類のための犠牲となるのではなく、在るがままの状態を持続できるようになります。大自然と人類とが調和して生きてゆくことによって、動物も植物も生きとし生けるものすべてが調和し、殺し合いや争いのない世界が築かれてゆきます。

これらはすべて教育の力です。教育こそ尊ぶべきことです。真の教育を広めることに、私は燃えているのです。

（2004年3月）

二十一世紀の宗教

人類を一つの宗教にまとめることは出来ない

宗教は、人間の運命の探求、霊の探求、そして神の探求においてその真価を発揮するものですが、それとは裏腹に、多くの宗教は闘争、殺戮、惨事を人類にもたらしてきました。

歴史を振り返ると、宗教ほど激しい憎悪を生み出し、激しい対立を生み出してきたものはありません。宗教は、時には隆盛し、時には衰退を繰り返してきましたが、一つの宗教が世界全域を支配することは決してありませんでした。

キリスト教もイスラム教もヒンズー教もユダヤ教も、その力を世界に及ぼしてきましたが、ただ一つの宗教がその力をもって世界全域を制圧することは決してありませんでした。どの宗教もある時期には前進し、またある時期には後退してきました。

そして今なお、宗教宗派は増えつづけています。いずれ宗教宗派の数は、世界人類の数だけ増えつづけることでしょう。なぜなら、人類一人一人の思考をたった数十、数百、数千の宗教のうちのどれかに適合させることは不可能だからです。

人類一人一人は皆、異なった国、歴史、文化、政治、宗教、意識のバックグラウンドを持って生まれてきています。そういう一つ一つ違った個性を持つ人類を、一つの宗教にまとめることは到底できません。

究極の真理〝人類即神也〟に行き着くと、人類一人一人はみな自らの宗教を自らが起こしてゆくということになるのです。各々が自らの宗教を通して、自らの運命の探求、霊の探求、神の探求を行なってゆくのです。そして、その人自身の個人的直観、思考、体験、方法を持つようになるのです。

このことから、ある一つの権威ある宗教、または特定の力ある宗教がすべての人々を取り込むということは絶対に不可能なのです。

そしてまた、ある宗教に帰依している人々を自分たちの宗教に改宗させ、その手中に収めることも、本来あってはならないことなのです。

人類一人一人は皆、自らの意志により、自らの目的により、自らのレベルにより、自らの選択を通し、自らの宗教を決定してゆきます。そしてあらゆる宗教遍歴を通し、自らの宗教、自らの生き方を創造してゆくのです。二十一世紀の宗教とは、このような宗教でなければなりません。

本来、人はあらゆる宗教から自由

本来すべての人々は、あらゆる宗教から全く自由です。たとえある時期、ある一つの宗教の信者になったとしても、その宗教に一生鎖で繋ぎ止められるかのように、他の宗教の真理を聴くことを阻止されることはあってはなりません。

白光真宏会の在り方は、すべての会員がみな自由なる立場をとっているということです。この会では、どの宗教に属していようが、その宗教を放棄せず、会員になることが出来るし、かつまた一旦会員になった人々も、他のいかなる宗教を遍歴することも出来るし、退会することも自由です。

この会が目指しているところは、人々を一つの宗教の枠に閉じ込めることなく、一つのカラーに染めることなく、自由を束縛することなく、彼らの真理への探求心を限りなく高め上げ、その目的を達成させるよう導き助けることであります。

そして、その人の持っている素晴らしい無限なる叡智、能力、直観力を引き出し、ついには自らの力で自らの運命を創造してゆくという〝自立〟の道を極めさせてゆくことなのです。

そして、究極的には、誰もが〝我即神也、人類即神也〟の境地に至り、自分自身の宗教を編み出し、その教祖となってゆくのです。

二十一世紀は、世界の七十億人が、七十億通りの宗教を生み出してゆくのです。

一人一人みな違っていることこそ尊いのです。違っているからこそ真理なのです。違っているからこそ、お互いがお互いの宗教を認め合い、尊重し合い、調和してゆくのです。

二十世紀までは、ある特定の宗教に人々を取り込み、閉じ込め、その宗教のみが真実であるとする独善的な宗教があまりにも横行していました。それは、他の宗教を認めず、排他的になり、また他の宗教を信仰する人々を改宗させ、自らの宗教に取り込み、自らの宗教を拡大させてゆくやり方でした。

そのため、宗教対立、宗教戦争の道が絶え間なく続いてきました。それでいながら、それぞれの宗教は、それぞれに愛、道、真理、犠牲精神を説きつづけてきたのです。これでは何のための宗教かと思わざるを得ません。

このように文章に書くことは簡単ですが、実際、宗教対立、宗教戦争のまっただ中にさらされている人々にとっては、そのすさまじいまでの残忍性、おぞましい拷問などの恐怖体験などは、私たちの想像を絶するほどのものであり、筆舌に尽くせないほどのものでしょう。

ある一つの国が、一つの宗教によって征服されたという事実も歴史に存在しています。その国本来の古い伝統的宗教がすべて滅ぼされてしまったのです。

何ということでしょう。しかし、それは同じ人間がしてきたことであり、真実の出来事なのです。歴史がそれを示しています。

多様であるということこそ真実

私は〝我即神也、人類即神也〟という究極の真理を説きつづけていますが、その究極の真理に行き着くプロセスにあって、人類の心の内に潜んでいる否定的思考、信念を覆してゆくには、相当のプラスエネルギーが必要です。

誰彼問わず、私たちの内には眠っている虎が存在していることも事実です。機会があれば、即飛びかかり、その鋭い爪と牙を用いていつでも相手を倒そうとするのです。その鋭い爪と牙とは、差別、侮蔑、憎悪、怨念、嫉妬、排斥、否定、無視という恐ろしい武器なのです。

テロは、特定の場所にのみ存在しているのではありません。どんな人々の心の中にもテロ意識が潜んでいるのです。ただ、さまざまな否定的条件が幾つも重なった時、初めてそれが実行に移されるのです。

故に、一人一人が自らの心の中からテロ意識をなくさない限り、テロはこの世の中から消えないのです。そして一人一人の心の中に平和の心を取り戻さない限り、世界の平和は実現しないのです。

これらの心の武器が、同じ宗教、同じ思考、同じ目的に添えない人々に対して加えられてきたのです。恐るべき処罰です。これが、人間が同じ人間に為しつづけてきた行為なのです。

なぜ、すべての人間が同じような考えを持たなければならないのか……。それ自体まことにおかしいことです。間違っているのです。

教育にしろ、社会にしろ、宗教にしろ、人類一人一人が真剣に自らの生を探求しつつ生きているならば、そこにそれぞれの思考、個性、目的、未来があってこそ自然ではないでしょうか。

皆、まるで死の世界に生きているかのように、ほとばしるエネルギーを失い、喜怒哀楽も抑圧された状態で生きるならばともかく、血の通う生きた人々の生においては、相違こそが真実ではないのでしょうか。

人類の意識が高まれば高まるほど、人々の中に歴然とした相違が生じるのです。

その相違の中で、お互いの意見を尊重し、違う生き方を認識し、違う宗教を尊ぶということが真の姿でしょう。

多様なものこそ真実なのです。多様な人々がそれぞれにみな〝我即神也〟に至るのです。

そしてついに〝人類即神也〟の究極の真理を今生に顕現してゆくのです。

人類はさまざまなレベルを経て究極の真理に至る

人類は、表面的、外面的に現われている現象に決して惑わされてはなりません。さまざまな宗教に見られる大きな組織、豪華絢爛な建物、そして形式的な儀式、聖なる古き書物……。

宗教は決してそのような外見で計れるものではなく、内面そのものです。魂です。いかなる国、民族、人種、宗教に属していようが、人類一人一人の魂の本源は神です。〝人類即神也〟なのです。

人は、この究極の真理に出会うために、種々さまざまなレベルの宗教を経て、自らの魂を磨き高め上げ、ついには究極の真理に行き着くのです。故に、いかなる宗教も、ある人々にとっては大切な場なのです。

各々の宗教は、偉大な普遍的な真理の一部分を取り上げ、存在しているのです。故に、いかなる宗教も存在する価値があり、決して排除すべきではないのです（ただし、カルト的宗教は別）。

人類がより低い真理からより高い真理へと進んでゆくためには、いかなる宗教も必要なのです。人類が皆、その究極の真理〝人類即神也〟に到達できたならば、それぞれの宗教の役目は完うされたことになり、やがて文化遺産として残されることになるでしょう。

この真理への道は、あくまでも個々人が個々人の真理の目覚めのレベルにより、個々人の意志と選択によって決定してゆくべきものです。そしてそれぞれが、それぞれに摑(つか)んだ真理を学び取り、それぞれの心で色づけし、それぞれの知性と体験で理解し、把握してゆくのです。

私たちは、真理のうちの自分に関わっている部分、自分が理解でき、受け入れることが出来る分しか理解することが出来ないのです。

いかに高い真理が自分の周りに横たわり、無限に広がっていても、自分にその高い真理を理解し、受け入れる準備が調っていなければ、そのすべてを理解することは出来ないのです。

だがしかし、人類は皆、一人ももれなく究極の真理に属しているのであり、その真理の中に生きているのです。この真実をよく心に刻み込んでおく必要があります。

すべての宗教は、神の摂理の中において違ったレベルの真理を表わしており、どの宗教もすべて、個の救われと世界人類の平和と幸福のための光と真理をあまねく照らし出しているのです。

だが、この神の普遍的真理を説くべき教祖や司祭、説教師などが、自らが属する宗教の拡大のためにエゴをむき出しにし、本来ならば一般大衆を真理へと導くはずであるのに彼らを迷いと闇と戦いという真理とはほど遠い世界へと導いていってしまっているのです。

そして一般大衆もまた、自らの主張を抑圧し、かつまた神の罰や祟りを恐れ、自らが教祖や司祭、説教師などの奴隷と化してしまったのです。

宗教家も一般大衆も、どちらか一方が正しく、一方が悪いというのではなく、双方が無知であり、愚かなのです。

要するに、双方が未だ低次元レベルに属している段階なのです。宗教家が権力を持つことを許してきた一般大衆にも責任があります。一般大衆は、自らの権能の力を宗教家に与えてしまった結果、ますます自らの力を弱めてきたのです。

宗教家の傲慢さに対して、双方が自らの誤った生き方を反省し、双方が自らの責任を取るべきなのです。一方に責任を押しつけても何ら新しい解決は見出されないし、為されもしません。

いついかなる時も、人類は真理を選択し、真理を見つづけ、真理のみを探求し、真理のみを尊重すべきなのです。人類一人一人が真理を探求し、徐々に意識が高まってゆけば、もはやそこには、神の意志を媒介する説教師や、牧師や神父などの存在は必要なくなるのです。

真理は古今東西、いかなる人々の前にもあまねく永遠に存在しつづけているのです。

私たちが真理そのものを直観し、理解すればするほど、真理のほうから私たちになお一層近づいてきます。真理が私たちをつかみ、とりこにし、私たちの光となり、導き手となり、行く手を照らし出してくれるのです。

真理と私たちとの間に、何ら一切の媒体は必要としないのです。

私たちは、自分たちの前に照らし出される真理の光のみに従ってゆけばよいのです。

ミッションの自覚こそ究極の真理への第一歩

人類は、二十世紀と同様、いつまでも幼稚なレベルに属していては何の進歩もありません。一刻も早く究極の真理に出会うよう、日々瞬々努力し、励まなければなりません。

いかなる人々もみな一人残らず今生における偉大なミッションを持って生まれてきているのです。今生において、枝葉のいかなる目的を達成しても、この偉大なるミッションの完成を見なければ魂が満足しないのです。

また、今生にていかなるものを失おうとも、この偉大なるミッションがわが魂から決して失われず、一生を貫いて存在している限りは、いかなるものも自分を侵すことは出来ないのです。

宇宙神が、守護霊、守護神がそのミッションを後押ししているからです。

そのため、たとえ不幸や苦悩がうずたかく積まれていようが、自らにこの使命感が失われずにある限り、必ず今生にてすべてを手にすることが出来るのです。

だがしかし、この使命感やミッションを忘れ果てたり、またはあまりの苦悩の連続に、自らの信仰心や自らのミッションに疑惑を持ち始め、自らの魂に刻み込まれた崇高なるミッションを自らが放棄し、失えば、一度は栄耀栄華を手にしても、いつかはすべてを失い、果てしない苦悩や災いを引き起こしてゆくのです。

あと一息で、最後の苦悩が終わるのに、その最後の一瞬に、すべてをかけて貫き通す志を失ってしまうと、再び一からやり直さなければならないのです。

この使命感や偉大なるミッションの自覚こそ、究極の真理への道に向かってゆく第一歩なのです。

この使命感の中には、もちろん、自分が置かれた国や民族、人種、宗教における使命感が含まれており、かつまた自分の家族や友人知人、ひいては人類全体の調和、平和、幸福を達成することも同時に含まれています。

国家、人種、民族、宗教の、そして家族、個人の不幸、苦悩、闘争、悲惨、災いは、そこに属する人々一人一人の使命感、ミッションの放棄に他なりません。

一人一人がその国や民族、人種、宗教に対するミッションを放棄し、何かもっと別の利益や権力、その他のものを追い求めた結果です。それらの目的や使命感、ミッションを放棄した者は、自らの意志で不幸の道へと転落してゆきます。

自分の前にいかなる不幸や苦悩、絶望といった状況や現象が現われようとも、自らの使命感やミッションを失わず、持ちつづけるならば、たとえいかなる挫折や困難に阻まれようとも、必ず見事に乗り越えることが出来るのです。それは絶対に!

なぜならば、ミッションを放棄しない人類一人一人の背後には、必ず偉大なる神々の叡智と導きがあり、神の光が後を押しつづけるからです。

神に一歩でも二歩でも限りなく近づき、限りなく神の愛を表現することが、人類一人一人に課せられた偉大なるミッションだからです。

しかし、神から離れた言動に対しては、神々は一切何ら関知しません。あくまでも個の自由を尊重するからです。

究極の真理はあらゆる宗教に浸透してゆく

この世の中には、種々さまざまな人間が存在し、種々さまざまな精神レベルの人たちが住しています。真の宗教というものは、これらすべての人々に理解され、受け入れられるべきものなのです。

真の宗教は、無限に寛容であり、無限に自由であり、無限に愛深く、無限に排他的でなく、無限にすべてを赦し、無限に真理に満たされていなければなりません。

かつて宗教の真髄は、すべて〝人類即神也〟そのものでした。しかし時が経つうちに、真理はその時の権力者や聖職者、そして大衆によって都合よく歪曲され、腐敗させられました。そして、一部の人たちのみの宗教に朽ち果ててしまったのです。

二十一世紀の真の宗教は、すべての人々に受け入れられ、尊ばれる真理を示すことこそが理想なのです。ある特定の一部の人々のみの宗教であっては、二十一世紀もまた対立、闘争、差別、苦悩、報復の道を辿るしかありません。

宗教宗派は、人類のためにたくさんあればあるほどよいのです。何故ならば、それだけきめ細かく人類一人一人が自分にあった、自分の求める宗教に縁を得る可能性が開かれるからです。

そしてどの宗教の道を信仰するにも、決して他の宗教を排除すべきではなく、お互いがお互いの宗教を認め合い、補い合い、調和し合い、磨き高め上げてゆくことが大切です。その最たる道を説きつづけていたのが五井先生です。先生は決して他の宗教を排することはなさらなかったし、また人々が他の宗教に行くことも決して引き止められませんでした。

先生は、〝去る者は追わず、来る者は拒まず〟の生き方に徹しておられました。

先生は、いついかなる時も、実に寛大で、自由で、大らかで、太陽のように明るく、純粋で、愛に満ち溢れ、究極の真理を教え導く師であられました。

この先生の真髄を決して見失うことなく、我々もまた先生の教えを厳しく守り、先生の為されてきた通りの道を行なっているのです。

多種多様のたくさんの宗教が存在する中で、究極の真理〝我即神也、人類即神也〟は、いかなる宗教の中にも必ず浸透してゆくのです。

あくまでもすべてが〝受容〟であり、決して〝排除〟であってはなりません。これが宗教における真髄、根本原理です。

我々は、世界各国各地に〝世界人類が平和でありますように〟という祈り言葉を記したピースポールを数十年にわたり建立しつづけてきました。

我々は、行く先々で、その地の宗教を心から受け容れ、そして心より尊んできました。イスラム教のモスクに行けば、そこで跪き、祈りを捧げ、キリスト教の教会に行けば、十字架の前で祈りを捧げます。また、仏教寺院に入れば、仏教徒のように心から仏陀の教えを尊び、ヒンズー教の寺院に行けば、ヒンズー教徒とともに座して瞑想をします。

我々は、いかなる宗教に対しても心を開き、光を注ぐのです。その光の源は、〝世界平和の祈り〟であり、〝我即神也、人類即神也〟の印です。

宗教の目的とするところが高ければ高いほど、またその組織が個を超え、人類的なものであればあるほど、それだけその働きは目覚ましく、全人類に行き渡ってゆきます。

全世界の諸宗教が今もなお対立と闘争を繰り広げている中、〝世界平和の祈り〟、〝我即神也、人類即神也〟の印は、こうしたすべてのマイナスの騒音を掻き消し、世界の平和と人類の幸福を世界中に発信しつづけているのです。

そしてこの我々の祈り、印は、光となり、エネルギーとなり、力強く、どこまでもどこまでも広く深く、人類に浸透しつづけてゆきます。

この祈りは、印は、自分にまつわる、ある特定の人のみではなく、全世界、全人類に対して、平和と調和をもたらすものです。

我々の行為は、神の愛のヴァイブレーションであり、究極の真理の発信でもあります。と同時に、人類が意識的に、または無意識に発するいかなる否定的言葉、想念、行為をも無条件に祓(はら)い浄めつづけているのです。

このように、偉大なミッションを持った人々の集まりが、神人(しんじん)たちです。

二十一世紀、すべての人に啓示がもたらされる

真の〝神人〟に至ると、自らが不死の存在であり、永遠なる神であり、無限なるものの一部であるということを真に認識できるのです。単なる知識ではなく、瞬間的体験として知り得るのです。

自らに内なる神としての気づきがもたらされると、内なる魂から無限なる直観が出てきます。この魂からの直観は、啓示としてもたらされます。それは、単なる個人に関するものではなく、宗教の啓示や科学の啓示のように、人類のために、人類の進化創造のために貢献され得るものです。

人類七十億人が究極の真理に目覚めたなら、七十億人がそれぞれの直観による啓示を受け取り、自らが神としての生き方を世に示してゆくことになります。そして、人類一人一人がよりよい幸福な世界を築くために、最善を尽くしてゆくのです。

人類はすべて一人残らず、この啓示を受け取るべきなのです。決して人を介しての啓示ではなく、自らの直観によってもたらされる啓示です。

昔から、神の目的に関する多くの啓示がありました。あらゆる宗教家、科学者、聖者、賢者を通して、真なる道標が人類にもたらされてきました。

二十一世紀、啓示はある一部の特別な宗教家、科学者、聖者、賢者のみにではなく、全人類一人一人にもたらされるようになるのです。そこに至らなければ、真の世界平和、人類の幸せはもたらされません。

世界の平和は、人類の幸せは、人類一人一人が自らの啓示により、自らの進化創造を経て神人に到達することによって、初めて実現されるのであります。

（2003年8月）

参考資料

人間と真実の生き方

人間は本来、神の分霊(わけみたま)であって、業生(ごうしょう)ではなく、つねに守護霊(しゅごれい)、守護神(しゅごじん)によって守られているものである。

この世のなかのすべての苦悩は、人間の過去世(かこせ)から現在にいたる誤てる想念が、その運命と現われて消えてゆく時に起る姿である。

いかなる苦悩といえど現われれば必ず消えるものであるから、消え去るのであるという強い信念と、今からよくなるのであるという善念を起し、どんな困難のなかにあっても、自分を赦(ゆる)し人を赦し、自分を愛し人を愛す、愛と真(まこと)と赦しの言行をなしつづけてゆくとともに、守護霊、守護神への感謝の心をつねに想い、世界平和の祈りを祈りつづけてゆけば、個人も人類も真の救いを体得出来るものである。

世界平和の祈り

世界人類が平和でありますように
日本が平和でありますように
私達の天命が完(まっと)うされますように
守護霊様ありがとうございます
守護神様ありがとうございます

地球世界感謝行

現在のところ、地球や大地や空気や水に対して真に感謝の祈りを捧げる地球人はまだわずかの人々です。そこで、こうした人々に代わって、次のような感謝の言葉を唱え、地球世界を司る神々様に対し、深く感謝の祈りを捧げます。

海への感謝

人類を代表して／海を司る神々様に／感謝申し上げます。／
海さん、有難うございます。／
我々は／あなた様によって／生かされています。／
その限りなき恩恵に／心より感謝申し上げます。／
そのお心も知らぬ／人類の傍若無人なる振舞いを／
どうぞお許し下さい。／
岸をたたき／浜をけずり／船をのみこむ／逆まく大波／
荒れ狂う大波の数々を／どうぞおしずめ下さい。／
世界人類が平和でありますように／
海を司る神々様有難うございます。

大地への感謝

人類を代表して／大地を司る神々様に／感謝申し上げます。／
大地さん、有難うございます。／
あなた様によって／我々は生かされています。／
あらゆる生命を生み／育て／生かして下さる大地の／
限りなき恵みに／心より感謝申し上げます。／
世界人類が平和でありますように／
大地を司る神々様有難うございます。

山への感謝

人類を代表して／山を司る神々様に／感謝申し上げます。／
山さん、有難うございます。／
我々は／あなた様によって生かされています。／
その限りなき恩恵に／心より感謝申し上げます。／
そのお心も知らぬ／人類の勝手気ままの振舞いを／
どうぞお許し下さい。／噴火、爆発、
山くずれを起こさせ／
我々に目覚めを促されるお心を／どうぞおしずめ下さい。／
世界人類が平和でありますように／
山を司る神々様有難うございます。

食物(たべもの)への感謝

人類を代表して／食物を司る神々様に／感謝申し上げます。／
すべての食物さん、有難うございます。／
我々は／あなた方によって生かされています。／
にもかかわらず／人類がとってきた／食物に対するわがまま／不平不満／感謝の足りなさを／どうぞお許し下さい。／
我々を生かし働かして下さる／エネルギー源の／すべての食物に／心より感謝申し上げます。／
世界人類が平和でありますように／すべての食物を司る神々様有難うございます。

肉体への感謝

人類を代表して／肉体に感謝申し上げます。／
私の肉体を生かしている／すべての機能／すべての血液／すべての骨／すべての体液／すべての神経／すべての筋肉／すべての内臓／すべての器官／肉体を構成している／一つ一つの細胞さん／有難うございます。／
肉体は／神様のみ心を現わす大事な場。／
肉体なくして／この世に完全平和を実現することは出来ません。／
我々は／我々の肉体を／尊い神の器として／神の表現体として／尊敬し、愛し、大切にいたします。／
世界人類が平和でありますように／肉体さん有難うございます。／
肉体さんの天命が完うされますように

水への感謝

人類を代表して／水を司る神々様に／感謝申し上げます。／
水さん、有難うございます。／
我々は／あなた様なくして生きてゆかれません。／
なのに人間のエゴによって／あなた様を汚している／愚かさをどうぞお許し下さい。／
我々はあなた様の存在／あなた様のお働きに／深く深く感謝申し上げます。／
世界人類が平和でありますように／お水さん有難うございます。／
水の天命が完うされますように

植物への感謝

人類を代表して／植物を司る神々様に／感謝申し上げます。／
草／花／樹／すべての植物さん／有難うございます。／
我々はあなた様によって／生かされ／慰められています。／
その限りない恩恵に／心より感謝申し上げます。／
そのお心もわきまえぬ／人類の身勝手な振舞いを／
どうぞお許し下さい。／
世界人類が平和でありますように／
植物を司る神々様有難うございます。

動物への感謝

人類を代表して／動物を司る神々様に／感謝申し上げます。／
昆虫類／魚介類／爬虫類／鳥類／哺乳類／
その他のすべての動物さん／有難うございます。／
我々はあなた様によって生かされ／栄えて来ました。／
その限りなき恩恵に／心より御礼申し上げます。／
そのお心を無視した／人類の心なき振舞いを／
どうぞお許し下さい。／
世界人類が平和でありますように／
動物を司る神々様有難うございます。

鉱物への感謝

人類を代表して／鉱物を司る神々様に／感謝申し上げます。／
岩／石／石炭／石油／その他すべての鉱物さん／
有難うございます。／
我々は／あなた様によって／日々生かされております。／
その限りなき恩恵に／心より御礼申し上げます。／
そのお心に気づかず／また気づきながらも／
人類のとる無責任なる行動を／どうぞお許し下さい。／
世界人類が平和でありますように／
鉱物を司る神々様有難うございます。

天象への感謝

人類を代表して／天象を司る神々様に／感謝申し上げます。／
空気／雨／風／雪／雲／星々／その他すべての天象／
有難うございます。／
我々は／あなた様によって／日々生かされております。／
その限りない恩恵に／心より御礼申し上げます。／
その広きお心を知らぬ／人類の傍若無人なる振舞いを／
どうぞお許し下さい。／
世界人類が平和でありますように／
天象を司る神々様有難うございます。

空気への感謝

人類を代表して／空気を司る神々様に／感謝申し上げます。／
空気さん有難うございます。／
我々は／あなた様によって／瞬々刻々生かされています。／
あなた様なくして／生きてゆかれません。／
にもかかわらず／人類のエゴによって／あなた様を汚している
愚かさを／どうぞお許し下さい。／
我々は／あなた様の限りなき恩恵に／心より御礼申し上げます。／
世界人類が平和でありますように／
空気を司る神々様有難うございます。

太陽への感謝

人類を代表して／太陽を司る神々様に／感謝申し上げます。／
太陽さん有難うございます。／
我々は／あなた様のエネルギーによって／
瞬々刻々生かされています。／
あなた様なくして／すべての生物は／生きてゆかれません。／
その限りなき恩恵に／心より御礼申し上げます。／
世界人類が平和でありますように／
太陽を司る神々様有難うございます。

光明思想の言葉

光明思想の言葉には、次のような言葉があります。

無限なるまこと
無限なる清らか
無限なる正しさ
無限なる勝利
無限なる勇気
無限なる進歩
無限なる向上
無限なる強さ
無限なる直観
無限なる無邪気
無限なるゆるし
無限なる栄光
無限なる気高さ
無限なる威厳
無限なる恵み
無限なる輝き
無限なる包容力

無限なるいやし
無限なる新鮮
無限なるさわやか
無限なる活力
無限なる希望
無限なる自由
無限なる創造
無限なるひろがり
無限なる大きさ
無限なる発展
無限なるエネルギー
無限なる感謝
無限なる喜び
無限なる美
無限なる若さ
無限なる善

無限なる愛
無限なる調和
無限なる平和
無限なる光
無限なる力
無限なる英知
無限なるいのち
無限なる幸福
無限なる繁栄
無限なる富
無限なる供給
無限なる成功
無限なる能力
無限なる可能性
無限なる健康
無限なる快活

我即神也（宣言文）

私が語る言葉は、神そのものの言葉であり、私が発する想念は、神そのものの想念であり、私が表わす行為は、神そのものの行為である。

即ち、神の言葉、神の想念、神の行為とは、あふれ出る、無限なる愛、無限なる叡智、無限なる歓喜、無限なる幸せ、無限なる感謝、無限なる生命、無限なる健康、無限なる光、無限なるエネルギー、無限なるパワー、無限なる成功、無限なる供給……そのものである。それのみである。

故に、我即神也、私は神そのものを語り、念じ、行為するのである。

人が自分を見て、「吾は神を見たる」と、思わず思わせるだけの自分を磨き高め上げ、神そのものとなるのである。

私を見たものは、即ち神を見たのである。私は光り輝き、人類に、いと高き神の無限なる愛を放ちつづけるのである。

我即神也の印

1 如来印を組む

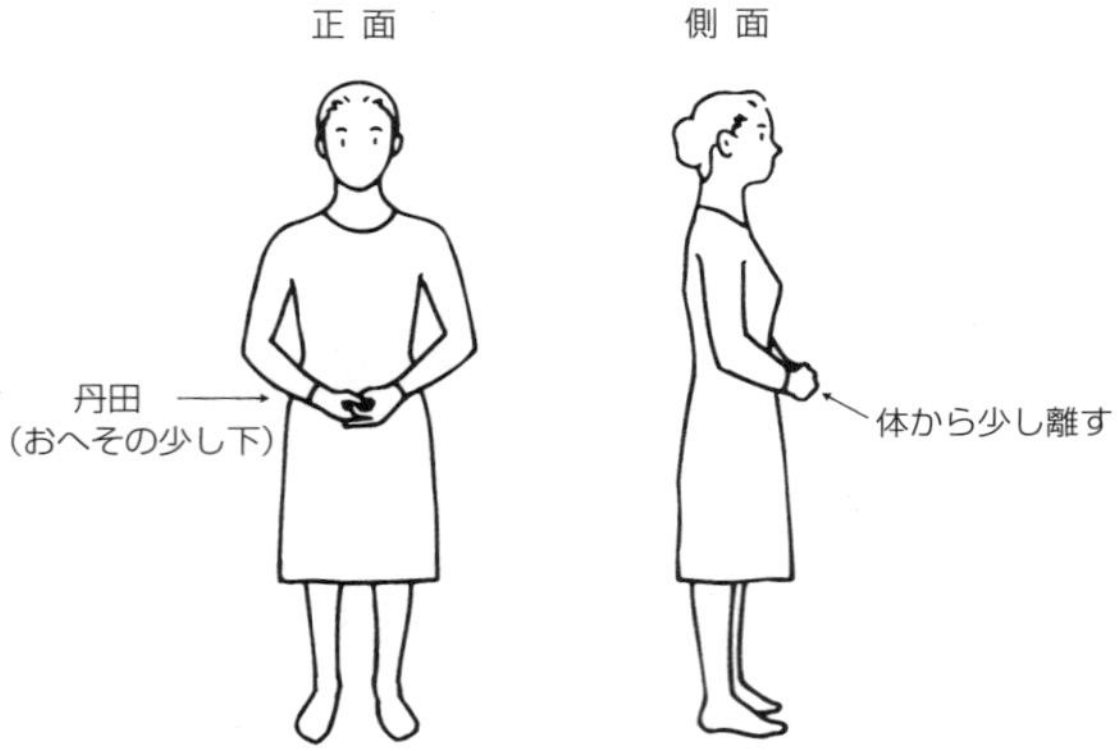

〈如来印の組み方〉

①親指と人差し指で輪をつくり　②右手と左手の輪を結びます

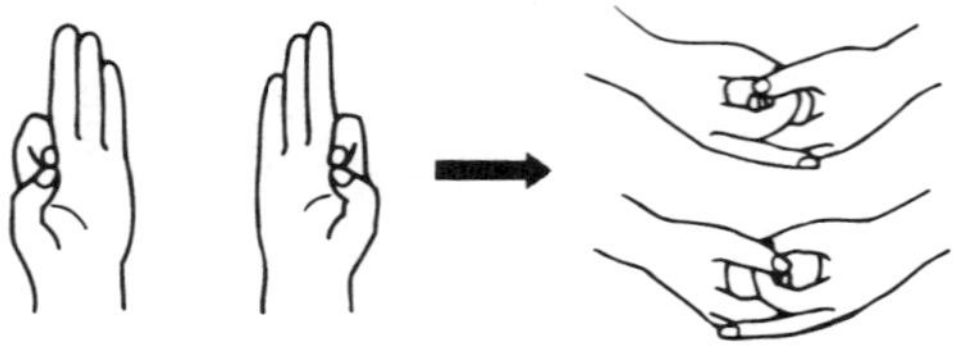

手のひらは上に向ける

手のひらは左右どちらが
上になってもよい

（3〜12は省略します。詳細は「我即神也・人類即神也　印の組み方」ブックレットをご参照下さい）

2 右手と左手の輪を結んだまま、他の指をのばしながら目の高さに持ってくる

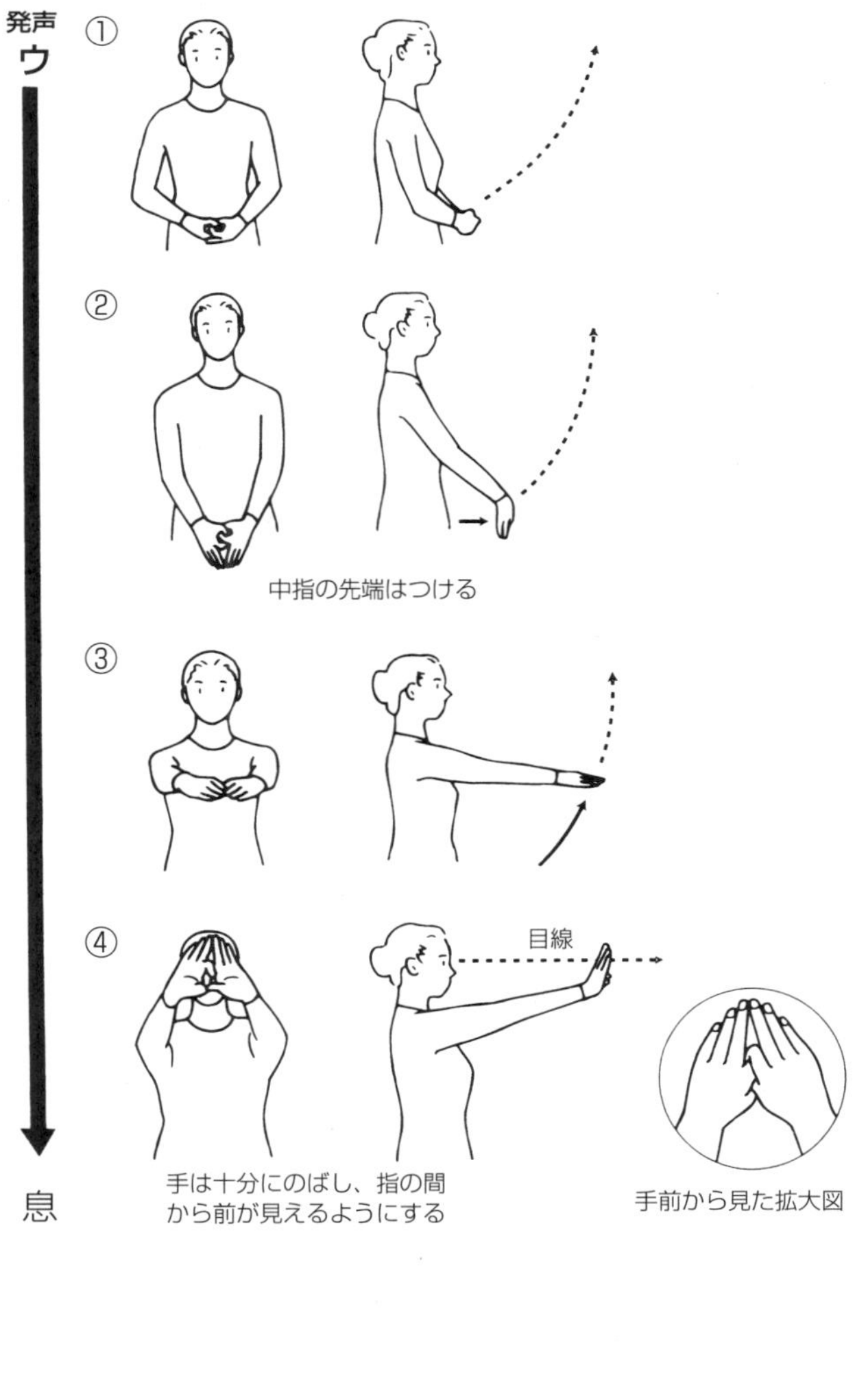

13 左手はそのままで、右手の人差し指を無声の気合いとともにまっすぐ下につきさし、つづいてU字型に上にあげ、額の前で止める

正面　側面

無声

①

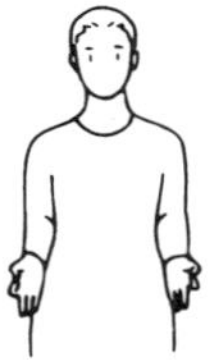

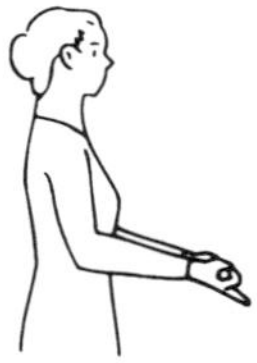

②

指先は身体の真ん中から垂直に下に向ける
右手の手のひらは左側に向ける

拡大図

③

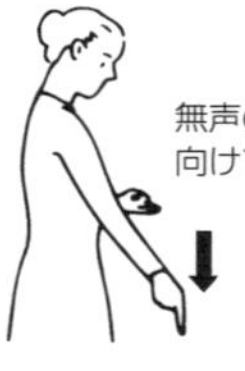

無声の気合とともに下に
向けてつきさす

次頁上に続く

前頁下より

無声　　正 面　　側 面

④

下につきさした後、気を抜かず、人差し指の指先をU字型に下から上に向きを変え、気を込めながら指をあげてゆく

⑤

胸の位置から再び無声の気合をかけ、上げる速度をはやめ額の前で止める

⑥

額の前で止める

ここでは息はしない

14　気を抜かずゆっくり右手をおろし、如来印を組んでから息をする

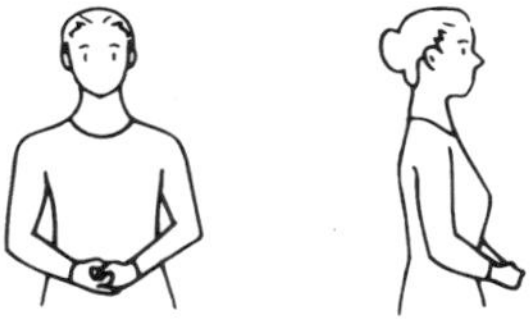

息

人類即神也（じんるいそくかみなり）（宣言文）

私が語ること、想うこと、表わすことは、すべて人類のことのみ。人類の幸せのみ。人類の平和のみ。人類が真理に目覚めることのみ。

故に、私個に関する一切の言葉、想念、行為に私心なし、自我なし、対立なし。すべては宇宙そのもの、光そのもの、真理そのもの、神の存在そのものなり。

地球上に生ずるいかなる天変地変、環境汚染、飢餓、病気……これらすべて「人類即神也」を顕すためのプロセスなり。

世界中で繰り広げられる戦争、民族紛争、宗教対立……これらも又すべて「人類即神也」を顕すためのプロセスなり。

故に、いかなる地球上の出来事、状況、ニュース、情報に対しても、又、人類の様々なる生き方、想念、行為に対しても、且つ又、小智才覚により神域を汚（けが）してしまっている発明発見に対してさえも、これらすべて「人類即神也」を顕すためのプロセスとして、いかなる批判、非難、評価も下さず、それらに対して何ら一切関知せず。

私は只ひたすら人類に対して、神の無限なる愛と赦(ゆる)しと慈しみを与えつづけ、人類すべてが真理に目覚めるその時に至るまで、人類一人一人に代わって「人類即神也」の印を組みつづけるのである。

西園寺昌美（さいおんじまさみ）
祈りによる世界平和運動を提唱した故・五井昌久氏の後継者として、＜白光真宏会＞会長に就任。その後、非政治・非宗教のニュートラルな平和活動を推進する目的で設立された＜ワールド ピース プレヤー ソサエティ＞代表として、世界平和運動を国内はもとより広く海外に展開。1990年12月、ニューヨーク国連本部総会議場で行なった世界各国の平和を祈る行事は、国際的に高い評価を得た。1999年、財団法人＜五井平和財団＞設立にともない、会長に就任。2008年には西園寺裕夫氏（五井平和財団理事長）と共に、インド世界平和賞「哲学者 聖シュリー・ニャーネシュワラー賞2007」を受賞。また、ブダペストクラブ名誉会員、世界賢人会議（WWC）メンバーとして活動する傍ら、ドイツ・テーブル・オブ・フリー・ヴォイスィズへの参加や、ユナイテッド・レリジョンズ・イニシアティブ国際平和会議での主演説、ミュンヘン国際平和会議、ミュンヘン大学、アルバート・シュバイツアー世界医学学会、ポーランド医学学会、ロータリークラブ主催の教育講演会、スイスでのグローバル・ピース・イニシアティブ等、多数の講演を通じて人々に生きる勇気と感銘を与えている。
『インフィニット・ワーズの詩〈1〉―輝ける生命のメッセージ』『インフィニット・ワーズの詩〈2〉―自らに降り注がれる光』『インフィニット・ワーズの詩〈3〉―宇宙と呼応するひびき』『明日はもっと素晴しい』『真理―苦悩の終焉』『教育の原点―運命をひらく鍵』『今、なにを信じるか？―固定観念からの飛翔』（以上、白光出版）
『あなたは世界を変えられる（共著）』『もっともっと、幸せに』『無限なる幸せ』（以上、河出書房新社）
『You are the Universe』
『The Golden Key to Happiness』
『Vision for the 21st Century』　など著書多数。

白光真宏会出版本部ホームページ　http://www.byakkopress.ne.jp/
白光真宏会ホームページ　http://www.byakko.or.jp/

真理の法則―新しい人生の始まり
平成十七年七月二十五日　初版
平成二十四年三月二十五日　二版
著者　西園寺昌美
発行者　平本雅登
発行所　白光真宏会出版本部
〒418-0102　静岡県富士宮市人穴八一二―一
電話　〇五四四（二九）五一〇九
FAX　〇五四四（二九）五一一二
振替　〇〇一二〇・六・一五一三四八
東京出張所
〒101-0064　東京都千代田区猿楽町二―一―一六 下平ビル四〇一
電話　〇三（五二八三）五七九八
FAX　〇三（五二八三）五七九九
印刷所　株式会社明徳印刷出版社
乱丁・落丁はお取り替えいたします。
定価はカバーに表示してあります。
©Masami Saionji 2005 Printed in Japan
ISBN978-4-89214-163-8 C0014

白光真宏会出版本部

西園寺昌美

明日はもっと素晴しい

首尾一貫して光明思想を人々に鼓吹し、過去からの習慣を打破し、神の子人間の内なる無限の可能性を誰でも開発できることを、著者自身の血のにじむような経験から記した書。一読、勇気がふるいおこされ、いのち輝かな明日を約束する。

定価１５７５円／〒290

光明思想に徹しよう

人間は本来、神の子であり、光り輝く存在である。光明思想に徹すると、神の子の素晴らしい力が湧いてきて、自分でも思いもよらぬ可能性が開けてくる。

定価１５７５円／〒290

我(われ)即(そく)神(かみ)也(なり)

あなた自身が神であったとは、信じられないでしょう。あなたは本来神そのもの、内に無限なる愛と叡智とパワーを秘めた存在だったのです。これからの時代は、誰も彼もがその真実の姿に立ち返らなければならないのです。

定価１２６０円／〒290

真理―苦悩の終焉(しゅうえん)

いかなる苦しみといえど、真理を知ることによって、解消できる。真理に目覚めると、あなたの心の中に今までとは全く違った世界がひらけてくる。それは喜びにあふれ、いのちが躍動する、神の世界だ。

定価１６８０円／〒290

白光真宏会出版本部

西園寺昌美

教育の原点
—運命をひらく鍵

自殺、いじめ、登校拒否など、現代の子供が抱える問題に〝人間は神の子、永遠の生命〟の視点から光を当てた画期的な教育論。ここに現状を打破し、輝かしい人生を築くための叡智がある。

定価1680円／〒290

次元上昇
—地球の進化と人類の選択

地球は今、四次元（霊なる世界）へと次元が上昇している。これからの人類は自らの内に神を見出し神の姿を現わしてゆかなければならない。本書には、あなたを幸せにし、人類の平和に貢献できる道が示されている。

定価1680円／〒290

自己完成

あなたは自分が好きですか？　人間の不幸はすべて、自分が自分を好きになれないところから始まっている。自分が自分を赦し、愛せた時にはじめて、自分本来の輝かしい姿を見出せるのである。著者は誰もが容易に自己完成に至る道を説く。

定価1575円／〒290

愛は力

愛は、自らの生命を輝かし、相手の生命をも生かす力であり、いかなることをも克服し、可能にしてしまう力である。愛は、すべての人に内在する神そのもののエネルギーである。

定価1575円／〒290

＊定価は消費税5％込みです。

白光真宏会出版本部

西園寺昌美

神人誕生

かつて人は、透明でピュアで光り輝いた神そのものの存在であり、何事をもなし得る無限なる叡智、無限なる創造力を持っていた。今、すべての人がその真実を思い出し、神の姿を現わす時に至っている。

定価1575円／〒290

地球を癒す人のハンドブック

感謝の心こそ、傷ついた地球を癒すエネルギーである。真に感謝の思いが湧いたとき、地球上の生きとし生けるものと自分がひとつであるという意識が深まり、互いに愛することの大切さを、より深く理解できるようになることであろう。本書ではその方法として「地球世界感謝マンダラ」を紹介する。

定価1365円／〒290

人生の目的地

前へ前へ歩みを進めよう。たとえどんな困難の中にあろうとも、私たちにはそれを乗り越える力がそなわっている。希望に満ちた人生の目的地は、この先で必ずあなたを待っている。心に生きる力と勇気が湧き上がってくる書。

定価1575円／〒290

日々の指針 2
―宇宙とともに進化する

なぜ人類は、いまだに唯物的思想で生きているのであろうか？どうすれば人類は、調和と平和に満ちた、進化した文明を築きうるのであろうか？

定価1680円／〒290